U0481473

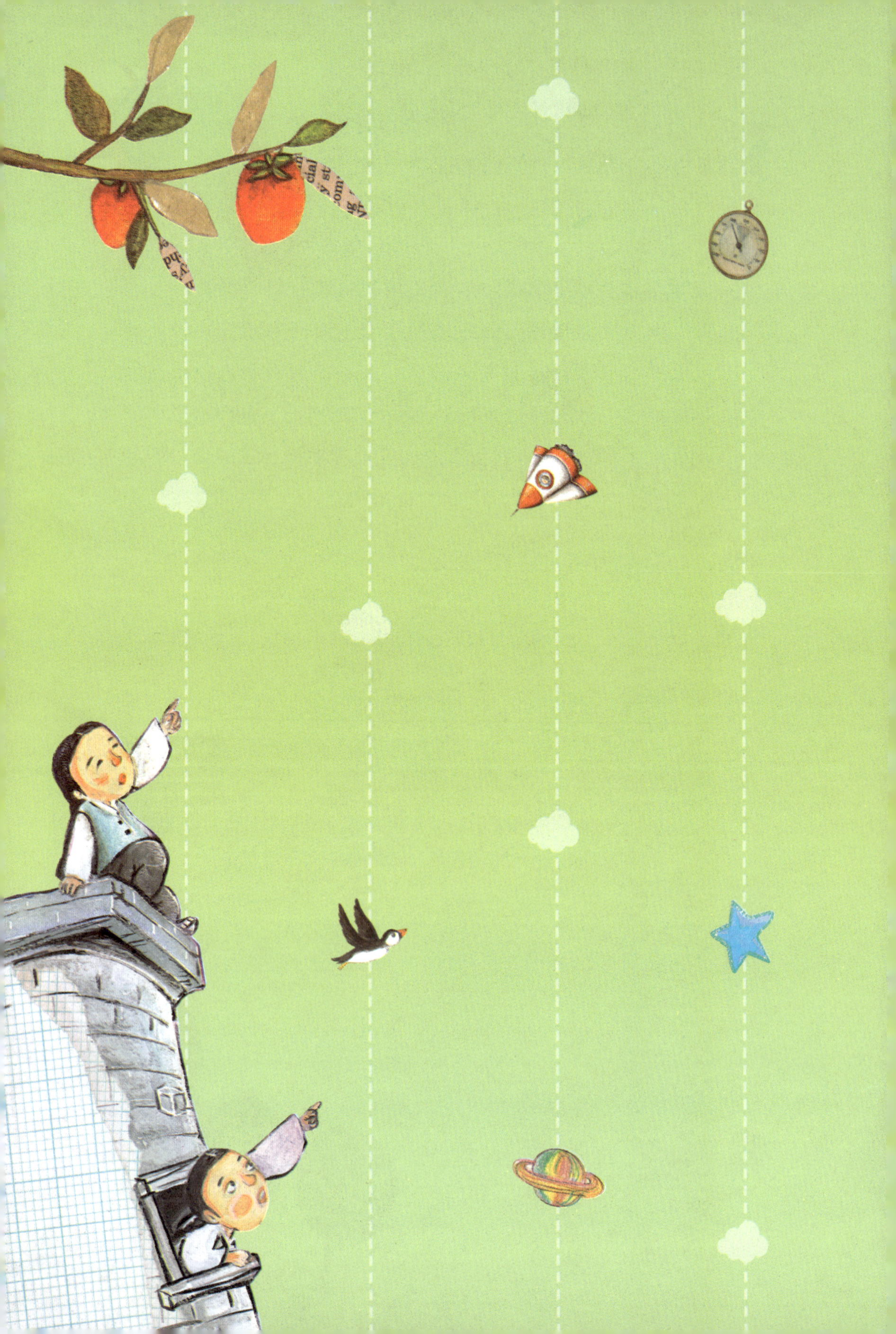

04

地理科学馆

[韩]崔善奎 著　[韩]吴胜元等 绘　赵双等 译

华夏出版社
HUAXIA PUBLISHING HOUSE

图书在版编目（CIP）数据

地理科学馆 / (韩) 崔善奎著；赵双等译. —北京:华夏出版社, 2016.1
（图画科学馆）
ISBN 978-7-5080-8679-8

Ⅰ.①地… Ⅱ.①崔… ②赵… Ⅲ.①地理–少儿读物 Ⅳ.①K9-49

中国版本图书馆CIP数据核字(2015)第288072号

Copyright AGAWORLD Co.,Ltd,2011
First published in Korea in 2011 by AGAWORLD Co., Ltd.
版权所有　翻印必究

地理科学馆

作　　者	[韩]崔善奎
绘　　画	[韩]吴胜元 等
译　　者	赵 双 等
责任编辑	陈 迪　王占刚
出版发行	华夏出版社
经　　销	新华书店
印　　刷	永清县晔盛亚胶印有限公司
装　　订	永清县晔盛亚胶印有限公司
版　　次	2016年1月北京第1版
	2016年1月北京第1次印刷
开　　本	710×1000　1/16开
印　　张	22
字　　数	105千字
定　　价	58.00元

华夏出版社　网址：www.hxph.com.cn　地址：北京市东直门外香河园北里4号　邮编：100028
若发现本版图书有印装质量问题，请与我社营销中心联系调换。电话：（010）64663331（转）

我是书的小主人

姓名 ....

年级 ....

写给小朋友的一封信

嗨，小朋友：

　　你好！

　　你是不是也和我一样，一直梦想着当一名科学家呢？你是不是看到生活中的许多现象都不理解，比如说，为什么船能浮在水面上不沉下去？为什么到了冬天水会结成冰？为什么我们长得像爸爸妈妈？为什么我们吃饭的时候挑食不好？这些知识我们怎么知道呢？为了考试看课本太枯燥了，有时候跑去问爸爸妈妈，他们摇摇头解释不清楚，这可怎么办呢？

　　现在，我们请来了世界闻名的大科学家来回答你的问题，有世界上最聪明的人爱因斯坦老师、被苹果砸到头发现万有引力的牛顿老师、第一位获得诺贝尔奖的女性居里夫人、发明了飞机的莱特兄弟……这些大科学家什么都知道。有什么问题，通通交给他们吧！

　　亲爱的小朋友，你准备好了吗？让我们一起去欣赏丰富多彩的科学大世界吧！

你的大朋友们

"图画科学馆"编辑部

编辑推荐

小朋友的科学素养决定着他们未来的生活质量。如何培养孩子们对科学的兴趣，为将来的学习打下良好的基础呢？好奇心是科学的起点，而一本好的科普读物恰恰能通过日常生活中遇到的问题、丰富多彩的画面以及轻松诙谐的语言激发孩子们对科学的好奇心。

在"图画科学馆"系列丛书中，我们精心选择了28位世界著名的科学家，请他们来给小朋友们讲述物理、化学、生物、地理四个领域的科学知识。这个系列从孩子的视角出发，用贴近小朋友的语言风格和思维方式，通过书中的小主人公提问和思考，让孩子们在听科学家讲故事的过程中，在轻松有趣的氛围中，不知不觉就学到了物理、生物、化学、地理方面的科学知识，激发孩子们对科学的好奇心和探索精神。

让这套有趣的科学图画书陪孩子思考，陪孩子欢笑，陪孩子度过快乐的童年时光吧！

目 录

哥白尼讲地球

尼古拉·哥白尼 / 2
地里有泥土和岩石 / 22
合理地利用岩石 / 34
地球不断变化 / 38
人小志大 / 42
哥白尼的好老师 / 44
岩石是怎样形成的？ / 46

伽利略讲月球

伽利略·伽利雷 / 98
多吃五谷杂粮和蔬菜 / 114
关于月亮的传说——嫦娥奔月 / 130
中秋节要吃月饼、赏月 / 132
月亮每天都会变换样子 / 134
摇摆的灯 / 138
玉兔捣药 / 140
月球形状是如何变化的呢？ / 142

库克讲大海

詹姆斯·库克 / 50
体验泥滩 / 70
海路的开通 / 82
女人也想成为英雄 / 84
海洋是连在一起的 / 86
库克船长与坏血病 / 92
如何研究海底的世界呢？ / 94

蒲福讲自然灾害

弗朗西斯·蒲福 / 146
森林可以防止洪水和干旱 / 172
祖先们应对自然灾害 / 178
发大水了 / 180
学习在灾难中自救和救人 / 182
当心自然灾害 / 186
植物如何阻止自然灾害呢？ / 190

魏格纳讲火山

阿尔弗雷德·魏格纳 / 194
去济州岛看火山吧! / 212
火山女神和火神 / 226
火山大爆发 / 228
灵光一闪 / 230
火山爆发 / 234
岩浆是怎么流动的? / 238

开普勒讲太阳系

约翰斯·开普勒 / 242
（1571– 1630） / 242
太阳系有八大行星 / 252
研究天文学 / 274
为行星命名 / 276
以太阳为中心 / 278
制作太阳系模型 / 286

霍金讲宇宙

斯蒂芬·威廉姆·霍金 / 290
宇宙中也有垃圾呢 / 304
想象外星人的样子 / 322
宇宙飞行 / 324
宇宙是没有尽头的 / 328
感恩的心 / 332
在宇宙中，重量会发生什么变化? / 334

图画科学馆 地理

哥白尼 讲 地球

尼古拉·哥白尼

（1473—1543）

哥白尼出生在波兰的托伦市。他曾经在意大利的博洛尼亚大学和帕多瓦大学里学习和研修过很多专业，在数学和天文学方面表现出了惊人的天赋。他用天体观测器观察星星，发现地球围绕太阳转动，提出了"日心说"。在今天，这是一条大家都知道的常识，但是在哥白尼生活的那个年代，这个发现是非常让人震惊的。

尼古拉·哥白尼

大约在46亿年前，地球诞生了。地球是由绕着太阳转的气体和灰尘聚集在一起形成的。

　　刚开始的时候，地球是一个滚烫的火球，所以没有任何生物能够生存下来。

　　后来经过了很长时间的变化，地球才有了今天这样美丽的环境，才变得适合生物的生存和居住，才变成今天这般模样。

　　小王子住在宇宙里的一颗小星球上，但他被美丽的地球深深吸引，想要知道更多有关地球的故事，于是他找到了哥白尼。

　　下面，就让我们和小王子一起，来听哥白尼讲地球的故事吧！

"哥白尼，你好！我是小王子。我生活在太空中的一颗小星球上。我以前去过很多星球，今天我终于来到地球上了。我从我住的小行星上看到地球是蓝色的，非常美丽。可是地球到底是什么样的呢？"

小王子的突然出现把哥白尼吓了一跳。

哥白尼热情地跟他打招呼："嗨，你好！我是哥白尼。你想要知道地球是什么样子的？没问题，我先来给你讲讲它的样子。"

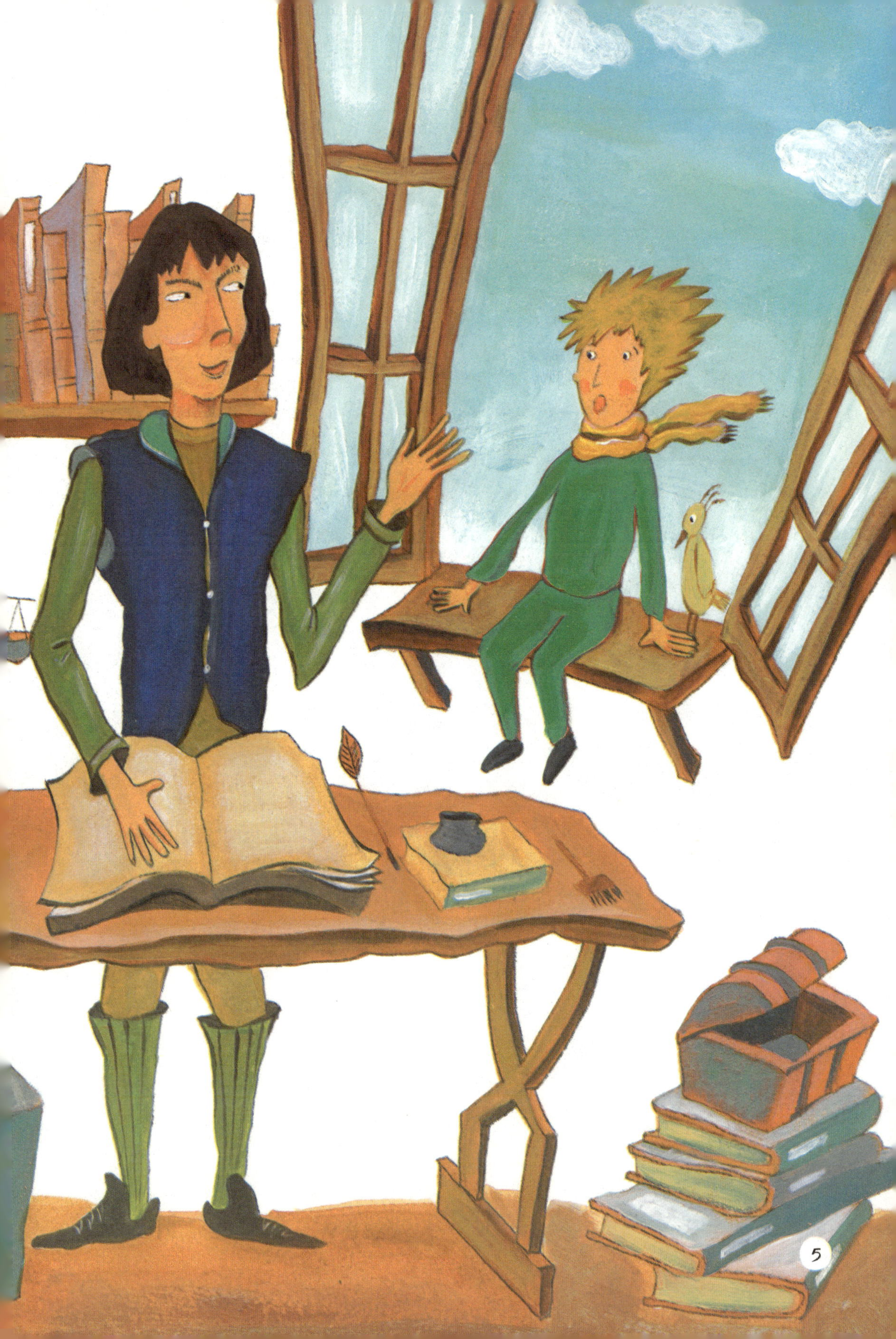

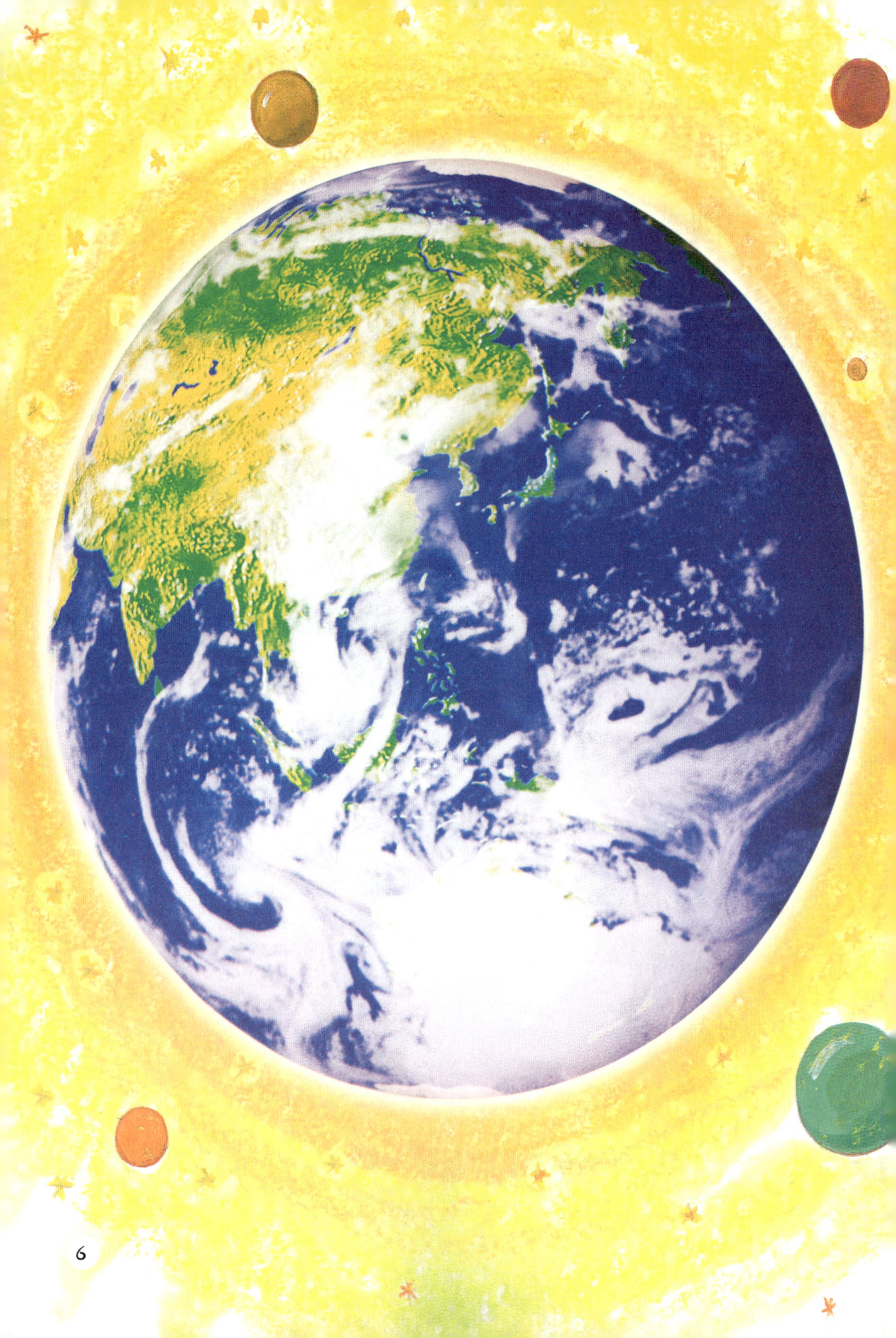

哥白尼在纸上画了一个圈："地球就像一个圆圆的球，但是它是椭圆形的，两边鼓起来了。"

"地球有多大呢？从远处看，它跟我住的小星球好像一样大，但是我走近了看，地球好像要比我的星球大很多呢。"

"地球的周长大约是4万千米。假如你一天走40千米，如果要绕地球一圈的话，大约需要3年的时间。"

听了这句话，小王子惊讶得张大了嘴巴。

"笼罩在地球表面上的是什么东西啊？"小王子仔细看了一会儿，歪着头想了想后，问哥白尼。

"有一层空气包裹着地球，叫作大气层。如果没有大气层，那么阳光里有害的光线和宇宙里乱飞的石块，都会威胁到人类的生存，所以说，大气层可是非常珍贵的哦！"

"也就是说，大气层就是地球的一把保护伞啦！"小王子一下就听懂了，他高兴地说道。

暖层

中间层

平流层

对流层

知识加油站

根据温度将大气层分类

对流层是大气层最下面的一层，对流层的大气受地球影响较大，云、雾、雨等现象都发生在这一层内，水蒸气也几乎都在这一层，其温度是越往上越低。对流层之上是平流层。平流层里的臭氧可以阻挡有害的紫外线，其温度是越往上越高。平流层之上是中间层，中间层没有水蒸气，其温度是越往上越低。中间层之上是温度很高的暖层，这里的空气十分稀薄。

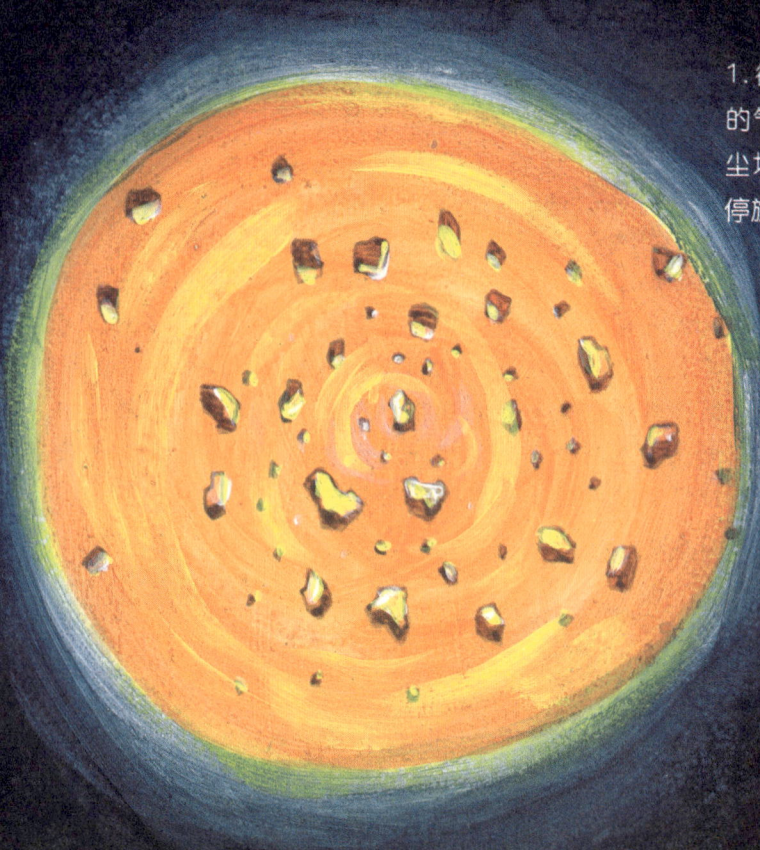

1. 很久很久以前，宇宙里的气体和灰尘组成了许多尘埃云团，这些云团在不停旋转。

"你知道地球有多大年纪了吗？地球46亿岁了！"

"天哪，地球这么老了？"

"是的。在很久很久以前，围绕在太阳周围的气体和灰尘聚在一起，形成了一个巨大无比的尘埃云团，这些尘埃云团互相碰撞，有时聚集在一起，于是慢慢地不断变大。其中最大的一个云团就是我们的地球。地球刚诞生的时候温度很高，任何生物都没办法生存。过了很长时间，地球的温度慢慢地降低，形成了一层地球的壳——地壳，这时才出现了生物。"

小王子眨着两只眼睛，认真地听哥白尼讲故事。

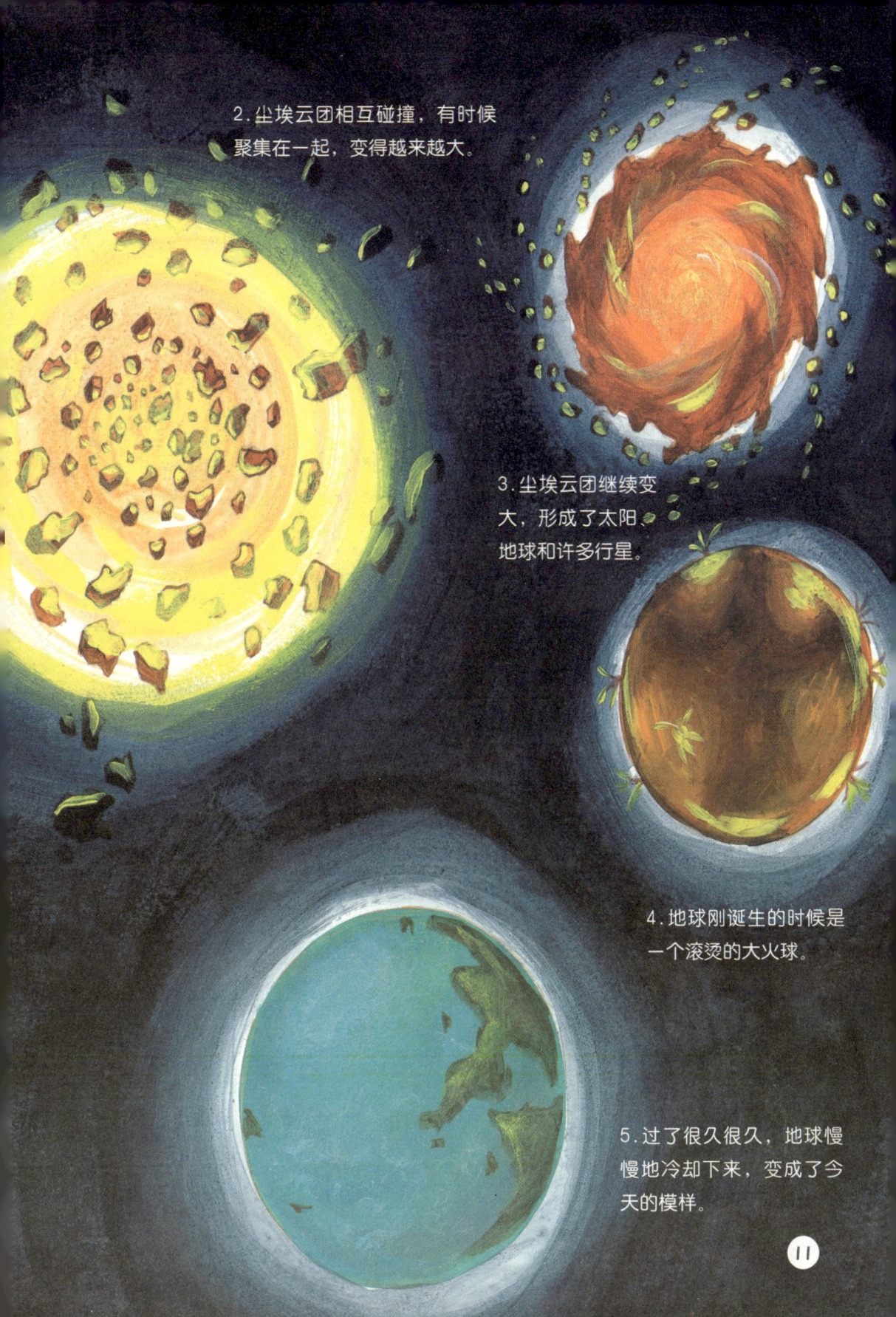

2.尘埃云团相互碰撞，有时候聚集在一起，变得越来越大。

3.尘埃云团继续变大，形成了太阳、地球和许多行星。

4.地球刚诞生的时候是一个滚烫的大火球。

5.过了很久很久，地球慢慢地冷却下来，变成了今天的模样。

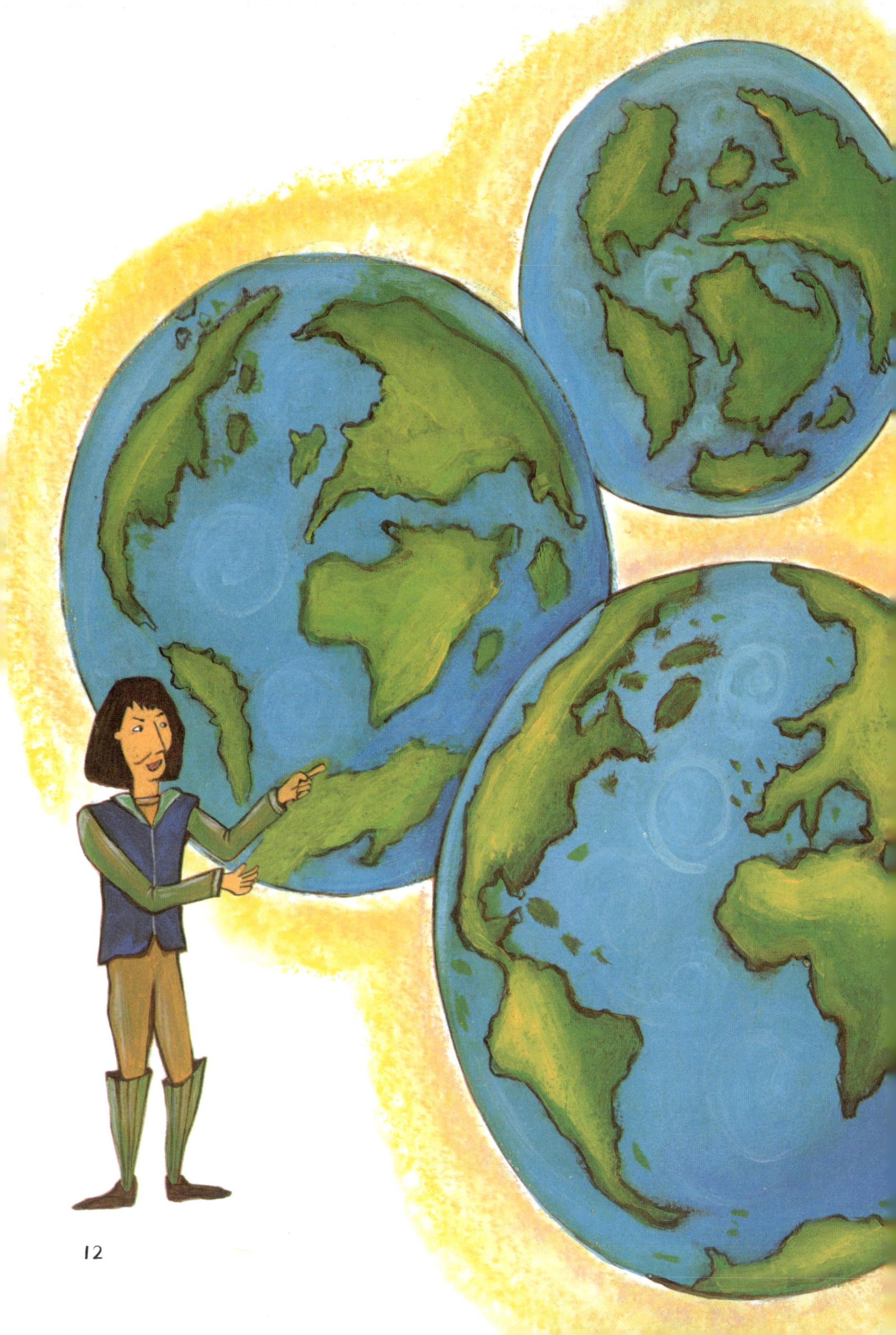

"以前地球的样子和现在很不一样。科学家发现,在很久以前,地球上的陆地是一整块儿的,不是像现在这样分成好几块儿的。过了很久很久,地球才变成了我们现在看到的这个样子。"

小王子跟着哥白尼来到了屋子外面。他看到高高的山、宽阔的平地、清澈的溪水，心情变得特别好。

"哈哈，在外面玩真是太开心了！哎呀，地球表面怎么坑坑洼洼的？我从远处看过来，地球是个光滑的球。"

"地球的表面不是光滑的，它由大海和陆地组成。陆地又由高高隆起的山坡和平缓的平原组成。"

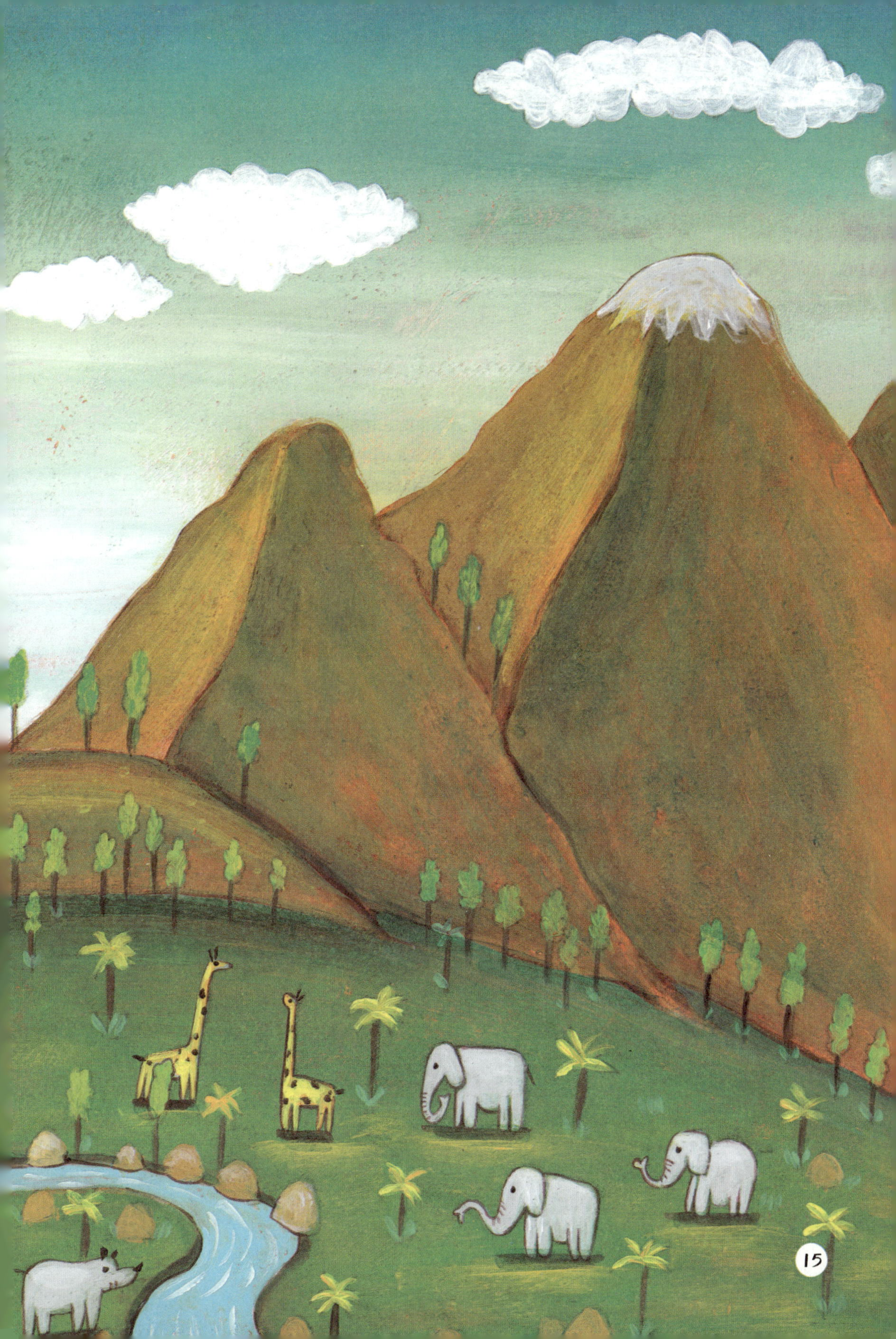

新形成的山，又高又陡。

"高山是怎么形成的呢？"

"地底下的地壳相互推挤，有些地带因为地壳剧烈运动而褶皱隆起，于是形成了高低起伏的山。"

世界上的很多山像阿尔卑斯山脉一样，是由于地壳弯折形成的。

很久以前形成的山，山顶又圆又平。

"要是没有高山，地球就不会坑坑洼洼的，那不是也挺好的吗？"

"哈哈，那可不行啊！山上生活着很多动物，生长着很多植物。人们还可以从山上开采许多矿产资源。"

人们在平原上种庄稼。

"下面,我来给你讲讲平原吧!"哥白尼看着眼前宽阔的平地说道,"平原是一片又低又平坦的土地。"

人们在平原上养牛、马等家畜。

"过了很长很长的时间,高高隆起的土地被削平了,有时候,很多泥土和沙子堆在一起变成一块平地。平原上的土地辽阔平坦,人们就在这里盖房子居住,住的人越来越多,就形成了许多村庄。"

"现在我们一起来看看踩在脚下的土地，看看它的里面是怎么构成的！"

"嗯，好的。原来地球有这么多有趣的地方啊！"

哥白尼在纸上画了半个苹果："我们脚底下踩的地呢，就像是这个苹果的皮一样。地球的皮叫作地壳。地壳是由很多种岩石和泥土形成的。岩石长时间受水流冲击或风化作用的影响，碎成很小的小块儿，这就形成了泥土。"

21

地里有泥土和岩石

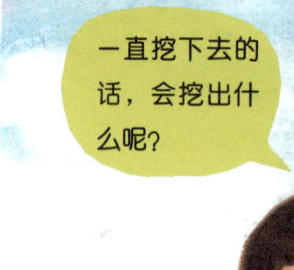

叔叔,那辆车在干什么呢?

在挖土呢!

一直挖下去的话,会挖出什么呢?

咦?你要去哪儿啊?

一开始会挖出软软的土，继续挖的话就变成硬硬的岩石。如果我们能一直不停地挖下去，就可以看到滚烫的岩浆。

③

我回家拿铲子去！我要自己挖土亲眼看一下。

你说什么？

④

"哥白尼,什么是岩石呢?"

"岩石是构成地壳的一种坚硬的石头。根据岩石形成的过程,岩石可以分为好几种。"

"根据形成的过程分类?"

"没错,地球最深处的温度非常高,能够把岩石熔化。熔化后的岩石叫作岩浆。岩浆通过地壳的裂缝喷发出来,变成了熔岩。熔岩慢慢冷却下来,凝结成坚硬的岩浆岩。泥土、沙子和小石块混在一起形成一种岩石,叫作沉积岩。沉积岩在地球内部的高温或者高压作用下,性质发生改变,成了变质岩。"

花岗岩
花岗岩是岩浆在地球深处冷却,慢慢变硬之后形成的。

砾岩
砾岩是圆圆的小碎石块聚在一起形成的一种沉积岩。

岩浆岩是岩浆或者熔岩冷却之后，慢慢变硬形成的。

泥土、沙子和小石块堆积在海底或湖底，形成了沉积岩。沉积岩在地球内部的高温或者高压作用下变成了变质岩。

山脉

大陆地壳

"只有地底下才有地壳吗？"

"不是的。不只是地下深层，海底也有地壳。在大陆深层的地壳叫做大陆地壳，在海底的地壳叫做海洋地壳。不过，大陆地壳比海洋地壳要厚多了！"

"海洋地壳和大陆地壳一样，也是由岩石组成的吗？"

"是的，但是两种岩石的种类是不一样的。大陆地壳主要由花岗岩组成，海洋地壳主要由玄武岩组成。"

大海

海洋地壳

知识加油站

地球上的自然资源

我们脚下的土地里和大海里有许多自然资源。煤炭、石油和天然气是大自然给予我们人类的珍贵礼物。太阳、海水、动物和植物等也是自然资源。有了这些自然资源，我们人类才过上了现在幸福的生活。

地壳由泥土和岩石组成。地壳下面有地幔和地核，地核分为外核和内核。

地幔
地壳
外核
内核

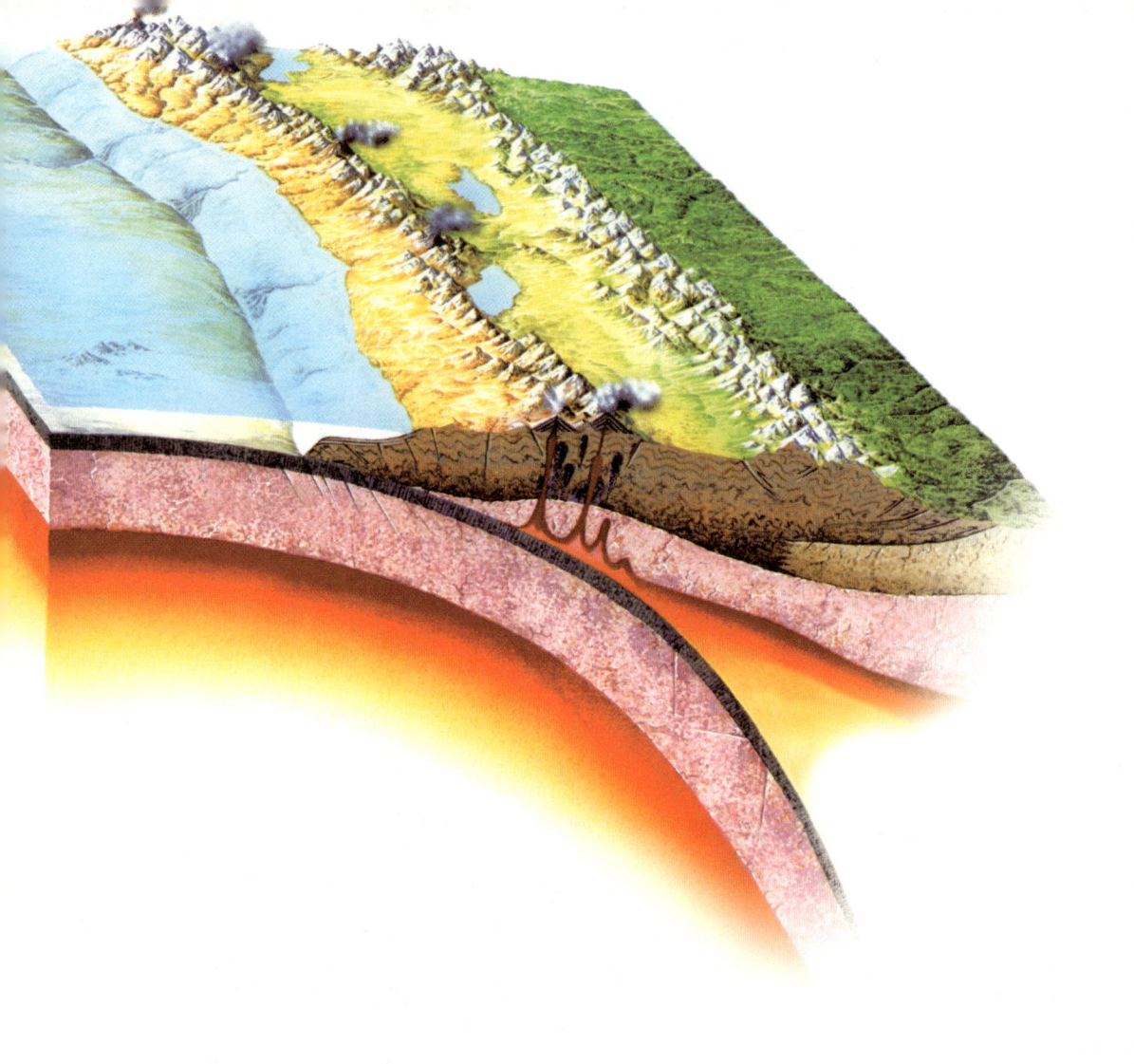

"您刚才说地壳就像是苹果的表皮，那么地壳下面是什么呢？"

"地壳下面是地幔和地核。如果我们把地球比喻成一个苹果，地壳就是苹果的表皮，下面就是地幔，像苹果的果肉一样，占地球的体积最大。地幔里的岩石和地壳不一样。地幔的下面是地核，就像是苹果核。地核又分为外核和内核两部分，外核为液体状，内核为固体状。"

"地球真是个神秘的地方。当初是您最早提出来地球绕着太阳转动？"

"一直以来，人们都认为太阳绕着地球转。而我，就是第一个发现地球绕着太阳转的人。"哥白尼高兴地说。

以前，人们以为地球是平的。如果坐船到达地球的尽头，就会看见瀑布，然后从那里掉下去。

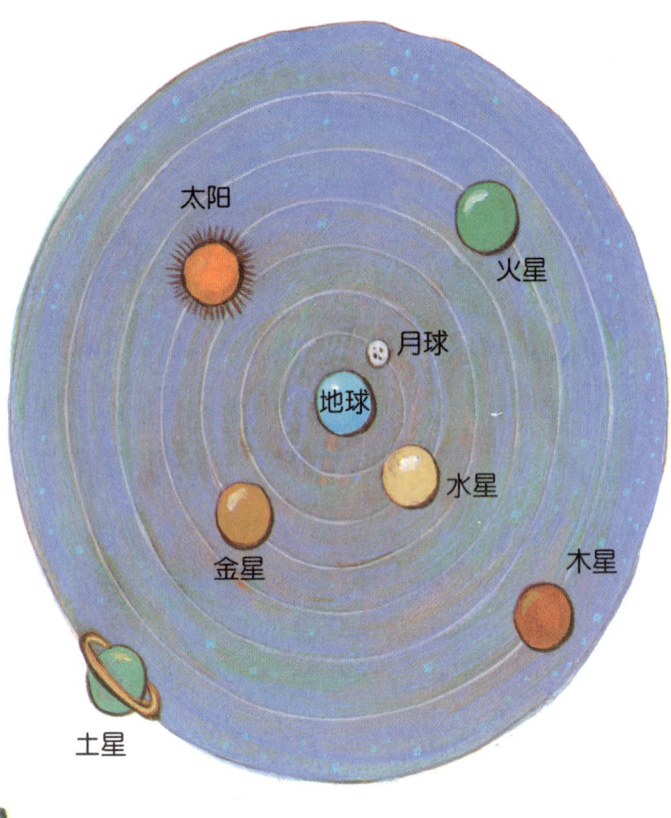

在哥白尼提出"太阳日心说"之前，人们认为地球是太阳系的中心。太阳和所有的行星都绕着地球转动。

哥白尼发现，地球并不是太阳系的中心，太阳才是。地球和所有的行星都围绕太阳转动。

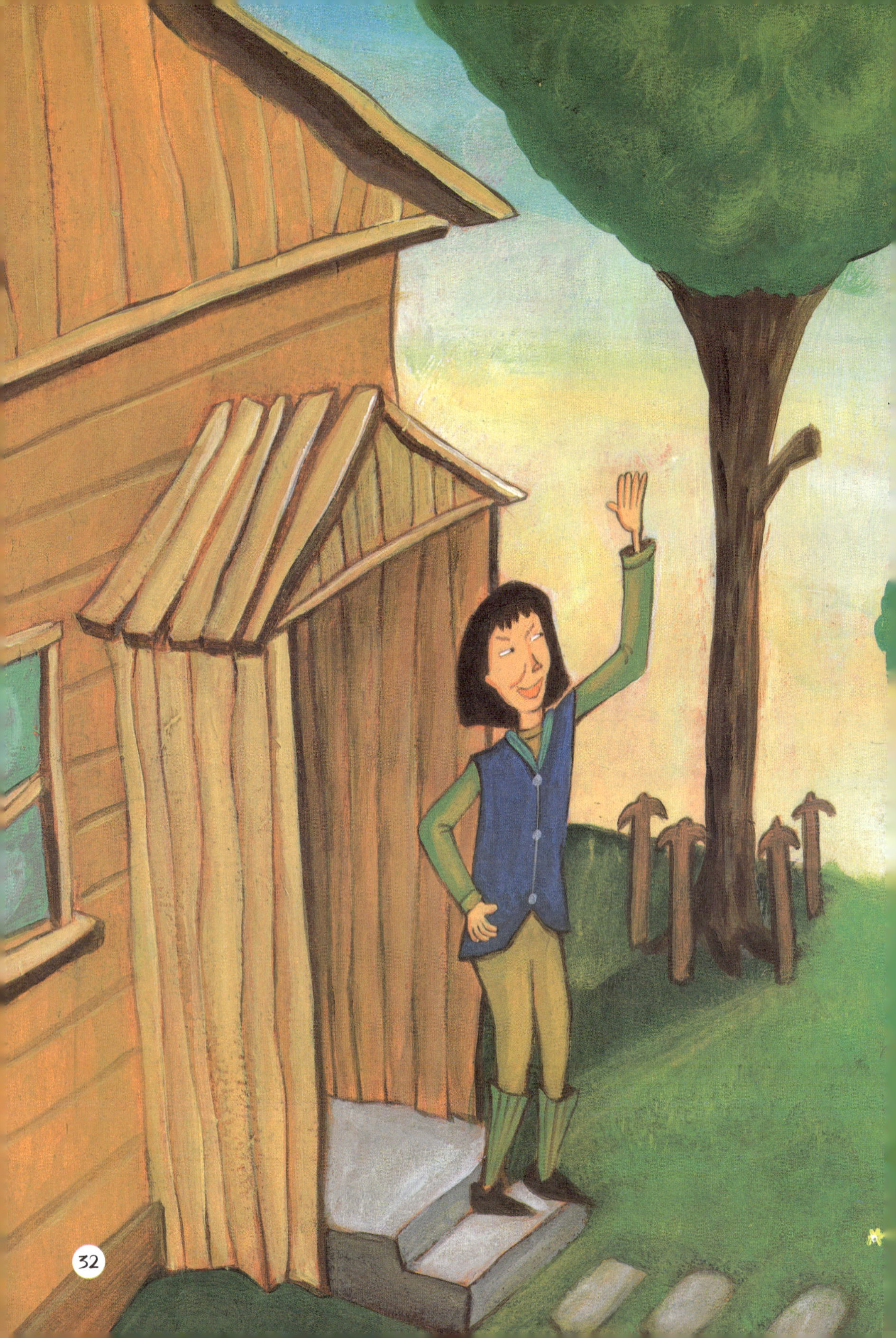

"以前我只能从远处看着地球，今天我来到了地球上，还学了这么多知识，真是太开心啦。"小王子高兴地看着哥白尼说道。

"我也很高兴能够向你介绍我所生活的地球。"

"我会永远记住地球的知识的。非常感谢您给我讲故事。现在我得走了。"

"你要去哪里？"

"我去给我的星球上的花儿讲地球的故事，哥白尼，再见吧！"

这时，不知道从哪里飞过来一群候鸟，小王子跟着候鸟们飞上了天空。

阅读课

合理地利用岩石

很久以前，人们盖房子或者制作一些美术作品，都是以岩石为原料，有时需要根据不同的用途对岩石进行加工。下面，我们来看一下人类是如何利用各种各样的岩石的。

古埃及人用石灰石建造金字塔

金字塔是古埃及和古埃塞俄比亚国王和王室成员的陵墓。从侧面观察金字塔，我们会发现它由多个三角形相接而成，而且非常高。可是，在建造金字塔的时候，古埃及人使用的工具竟然是石头做的锤子。它像刀子一样锋利，可以把岩石劈开。使用这样简单的工具就可以建成巨大的金字塔，就是合理地利用了石灰石的特性。古埃及人选取了硬度较低的石灰石，然后把它们加工成想要的形状。

用大理石制作美术作品

在意大利的佛罗伦萨美术馆,我们可以看到天才雕塑家米开朗基罗的代表作品——大卫像。

他花费了三年时间雕刻完成大卫像。这座雕像高达5.49米,做原材料的大理石是从意大利的卡拉拉山开采来的。

大卫像是用岩石雕刻而成的年轻男子的模样。

英国绅士斐莱亚·福克利用火车、大象、热气球等各种各样的交通工具成功完成了世界之旅。

麦哲伦环绕地球

在很久之前，人们认为地球是平的，但葡萄牙航海家麦哲伦却不相信这个观点，所以在1519年，他为了证明地球是一个圆形，开始了环球之旅。他带领由5艘船和270名船员组成的远航船队从塞维利亚港出发了，最后航海结束，又成功地回到了塞维利亚港。

在环球之旅即将结束时，麦哲伦的船队来到了菲律宾群岛，在那里和当地土著居民发生了冲突，麦哲伦在这场战斗中被砍死。他死后，船员们继承了他的遗志，成功地完成了这场环球之旅。

科幻小说《环游地球八十天》

在法国小说家儒勒·凡尔纳的作品《环游地球八十天》中，主人公斐莱亚·福克下了两万英镑的赌注和朋友打赌，声称八十天能够环游地球一周。

福克先生带着仆人出发，开始了他的奇幻之旅。他们有时骑大象，有时坐雪橇，跋山涉水一直继续着自己的环球旅行。最终，主人公福克用八十天时间成功完成了这次环球旅行。

小书桌

地球不断变化

在太阳系的行星中,地球是唯一一个有生命体存在的行星。地球是如何诞生的呢?现在让我们一起来看一下吧。

观察地球的样子

地球是太阳系从内到外的第三颗行星。月球是围绕地球旋转的唯一一颗卫星。地球绕地轴旋转的运动叫做自转，自转一周的时间是一天。地球绕太阳转的运动叫做公转，公转的周期是一年。从宇宙中观测到的地球是一个蓝色、褐色、白色等颜色混合而成的星球。地球上四分之三的面积是蓝色的海洋，褐色的是陆地，白色的是云。地球表面被气体覆盖着，各种气体混合形成大气层，里面含有我们维持生命不可少的气体——氧气。

从宇宙中看到的地球是一个蓝色的球体。

地球还在不断变化着

根据人类的猜测，地球诞生于46亿年前。那时候的地球和现在完全不同哦。那时没有任何生物存在。经过了无数次的火山喷发和洪水等自然灾害，地球渐渐稳定下来。

当然啦，地球现在还处于不断变化的过程中。经过很长时间，高山变成了大海，大海也可能变成高山。土地也会发生变化，比如，地面坍塌形成沟壑。再经过几千万年的变化，地球的样子也会和现在不同哦。

地球最初的样子和现在有很大的不同。地表温度很高，液态岩浆不断沸腾着。大大小小的陨石不断撞向地面。

地球上生命体的出现

大约在36亿年前，地球上出现了生命体。生命体最初出现在海洋中，是单细胞生物。人类的出现大约在300万年前。人类的诞生也是经过了漫长的演变而来的。

名人故事

人小志大

哥白尼10岁的时候,父亲不幸去世了,他从此就跟着舅舅一起生活。他的舅舅是一位学识渊博的主教,哥白尼受到他的影响,爱上了天文学和数学。他经常在晚上坐在窗前,抬头凝望繁星闪烁的夜空。

有一天,他的哥哥不解地问道:"弟弟,你为什么老是对着天空发呆?你是在祈祷吗?"

"不,哥哥,我想通过观察星星,来探寻天上的奥秘。"哥白尼解释说。

"什么,天上的奥秘?天上的事让神学家们去管吧,轮不到我们的!"

"我要一辈子研究天空,让人们不再害怕天空。我还要星星和人成为朋友,让它给海船校正航线,给水手指引航向。"

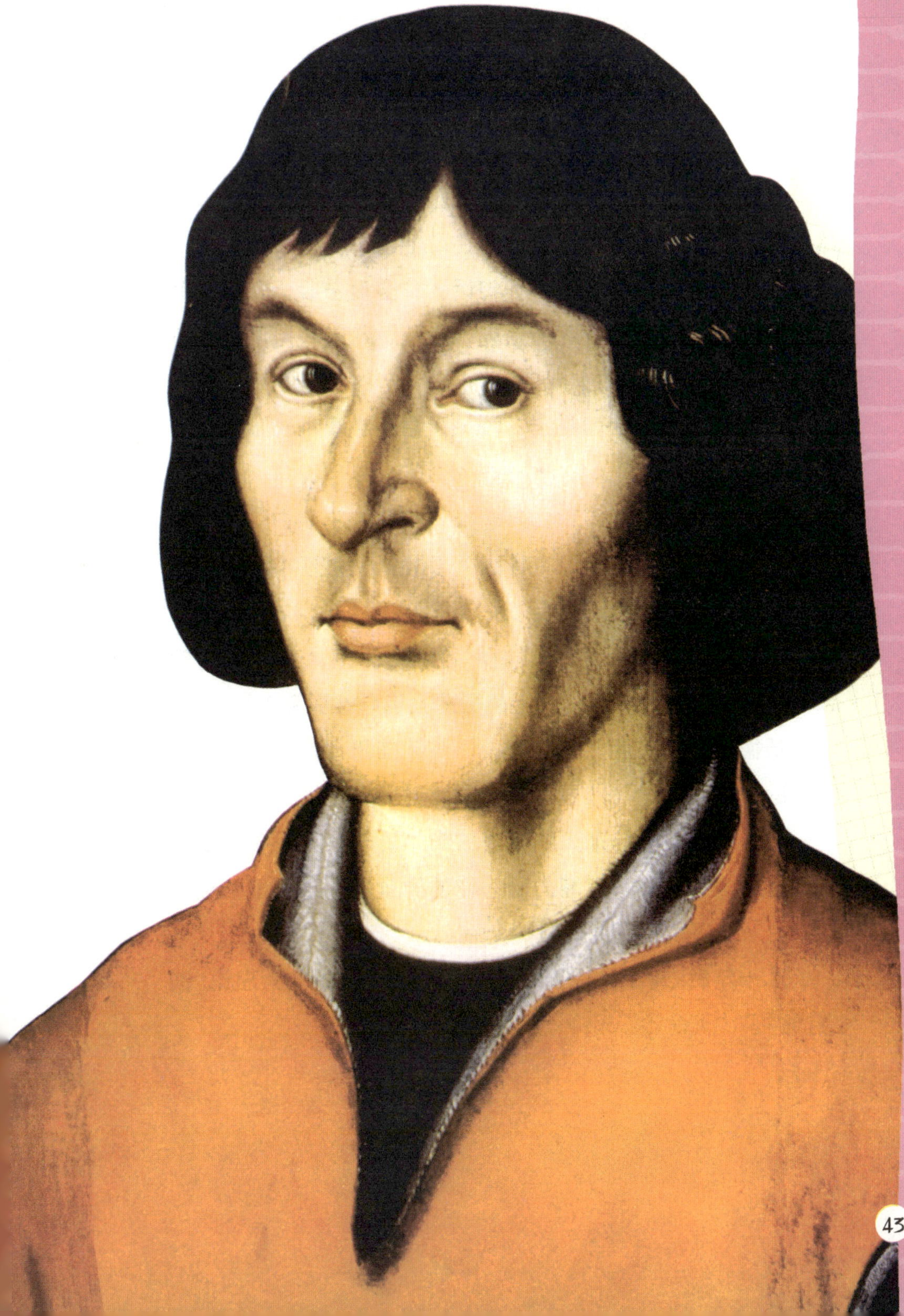

哥白尼的好老师

沃德卡是哥白尼少年时期最敬重的一位老师。有一天，哥白尼去沃德卡老师家，老师不在。他从书架上拿出一本书来看，发现老师在书中写了一句话："圣诞节晚上，火星和土星的位置呈现一种特殊的角度，我预测将有灾难降临在匈牙利的皇帝卡尔温身上。"

这时沃德卡老师回来了，看见哥白尼在看书，他问道："你在看什么书？"

哥白尼认真地回答说："老师，我实在不明白，不管是火星还是土星，和卡尔温有什么关系呢？怎么还能预示祸福呢？"老师坚定地说："天命决定一切！"

哥白尼还是不同意："如果是这样，那人还有没有意志？如果有，人的意志和天上的星星又有什么关系？"

沃德卡并没有生气，他明白，信不信天命是关系到天文学命运的重大问题。他思考了很久，对哥白尼说："天命决定一切，这是几千年来人们一直信奉的真理。我只不过是在重复前人的话。我没有能力回答你的问题。如果可能的话，你以后来好好研究研究吧！"

几十年后，哥白尼提出了"太阳中心说"的伟大理论，彻底推翻了"天命论"。

哥白尼这样说:

在许多问题上我的说法跟前人大不相同,但是我的知识得归功于他们,也得归功于那些最先为这门学说开辟道路的人。

人的天职就是要勇于探索真理。

青春应该是:一头醒智的狮,一团智慧的火!醒智的狮,为理性的美而吼;智慧的火,为理想的美而燃。

实验室

岩石是怎样形成的?

地球表面是由岩石和泥土构成的。我们在公园里或者山上会看到很多岩石。让我们收集各种各样的岩石,观察一下它们的形状和颜色。

请准备下列物品:

石块　放大镜　笔记本和笔　不干胶标签　毛刷　整理箱

一起来动手:

1. 用柔软的毛刷将石块刷干净,用水冲洗干净。

2. 在不干胶标签上写下发现这块石块的时间和地点,贴在石头上,然后用放大镜仔细观察。

3. 在笔记本上记录观察到的岩石的形状、颜色、触感等。

① 用柔软的毛刷将石块刷干净,用水冲洗干净。

② 在不干胶标签上写下发现这块石块的时间和地点,贴在石头上,然后用放大镜仔细观察。

③ 在笔记本上记录观察到的岩石的形状、颜色、触感等。

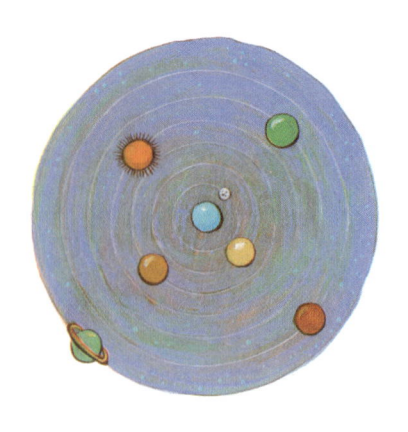

实验结果：

火山岩上面有很多小孔，变质岩有很多花纹。把贴好标签的岩石保存到整理箱里。

为什么会这样？

岩石形成的过程不同，所以形状不一样，内部含有的矿物质也不同。

库克 讲
大海

詹姆斯·库克

(1728—1779)

库克出生于英国约克郡,是一名航海探险家。

库克曾三次出海航行,每次都会发现新的岛屿,并且他还会登上岛屿仔细研究那里的动植物。

我们今天所看到的海洋地图就是在库克绘制的地图的基础上完成的。

詹姆斯·库克

英国人民为了表达对库克的敬意,都叫他"库克船长"。

几百年前,人们不知道大海的另一边有什么。人们不知道大海有多宽广,也不知道在大海上航行会遇到什么。就在这样一无所知的情况下,人们坐着船,越过了地平线,开始了海上的探险活动,同时也发现了新的大陆。

库克船长看着蔚蓝的大海,对大海另一头的世界充满了幻想。正是因为库克船长,我们才发现了太平洋上的许多岛屿。那么,让我们跟随库克船长一起,到辽阔的大海上去探险吧!

小朋友们好！我是库克船长。在我生活的年代，大海还是一个充满了危险的地方。但我的胆子很大，一点也不害怕，我决定去海上探险。

大海是我的家。

为了去未知的地方探险，我和队员们坐着船，从港口出发了。

53

54

我们在蔚蓝色的大海上航行。在波涛起伏的海面上,我们度过了一天又一天。

大海到底有多大呢?我也很难用语言描述它。我只知道它占据了地球表面的三分之二。地球上的大部分面积都被海水覆盖着。

地球上的海洋可以分为四大部分。

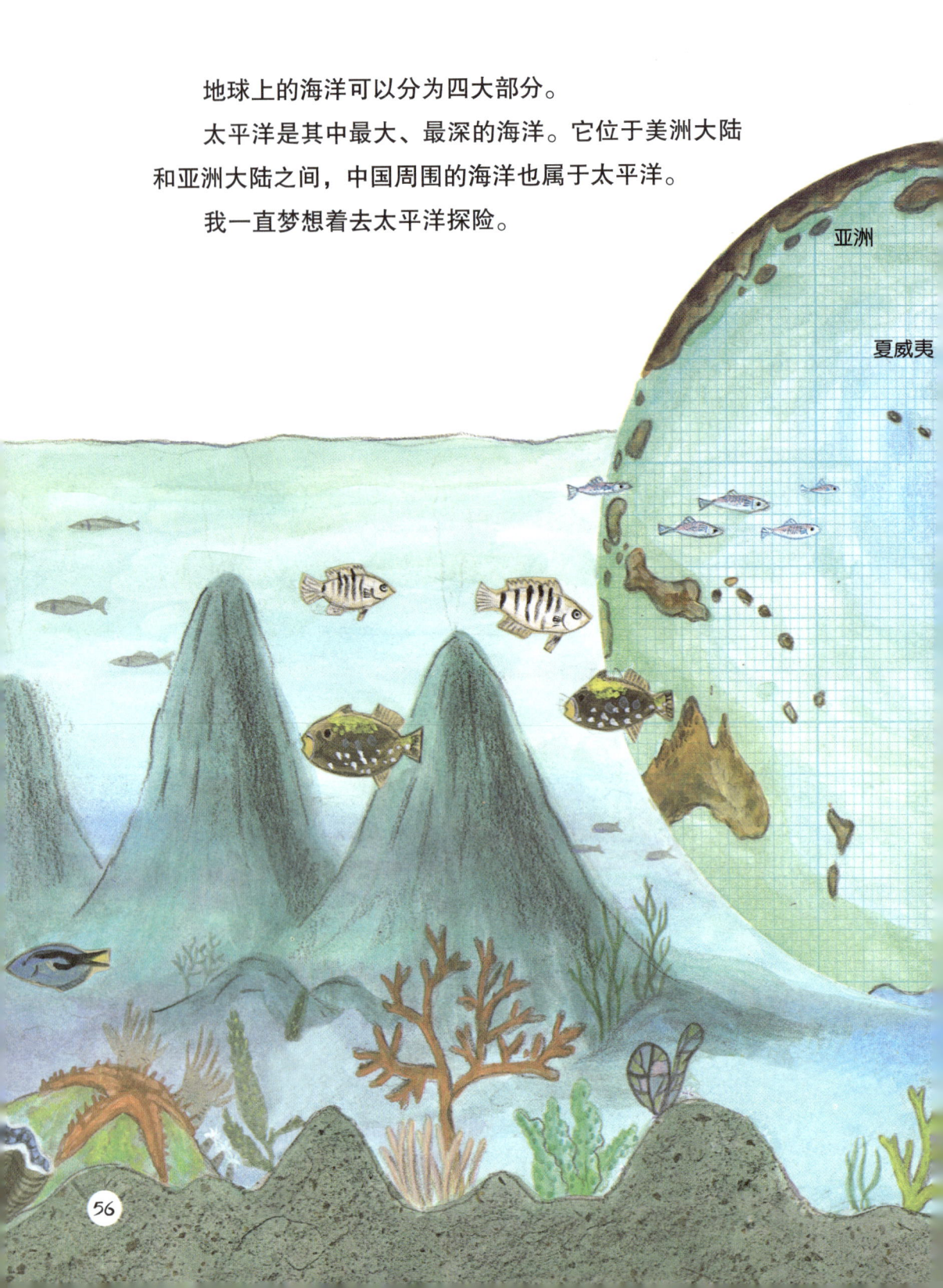

太平洋是其中最大、最深的海洋。它位于美洲大陆和亚洲大陆之间,中国周围的海洋也属于太平洋。

我一直梦想着去太平洋探险。

亚洲

夏威夷

复活节岛石像
位于智利西部南太平洋的复活节岛上有许多巨大的石像，都被雕刻成人的模样。

北美洲

太平洋

比太平洋面积小一些的海洋是大西洋。
大西洋位于美洲大陆和欧洲、非洲大陆之间。
大西洋中的鱼类数量和种类非常多。

大西洋

南美洲

大西洋的广阔鱼场
大西洋中的鱼类资源非常丰富。全世界被捕到的鱼中有一半是从大西洋中捕获的。

比大西洋面积再小一些的是印度洋。

印度洋位于欧洲、非洲大陆以及亚洲大陆、澳大利亚大陆之间。

这里的水非常干净，大海中生活着好多色彩艳丽的珊瑚和鱼类。

欧洲

亚洲

非洲

印度洋

海水也结冰

海水中有盐分,所以不容易结冰。但是在非常寒冷的地方,海水也会结冰。海水结冰形成的冰块被称为海冰。在北极和南极的海洋中都有海冰。冰山就是从陆地冰川上分离出来的冰块。冰山露出来的只是极小的一部分,大概有百分之九十都藏在水的下面。

海狮

北极熊

太平洋、大西洋的北端和北冰洋相接。北冰洋位于北极周围，它的中心是由厚厚的冰层形成的平原。

在地球的另一端，和北冷洋相对的位置上，有南极海。太平洋、大西洋、印度洋的南端与南极海相接。南极海位于冰雪覆盖的南极大陆周围。

北冰洋和南极海都非常寒冷，洋面上都漂浮着巨大的冰山。

鲸鱼

海豹

南极企鹅

➡ 暖流
➡ 寒流

海洋生物随洋流向各地迁移。

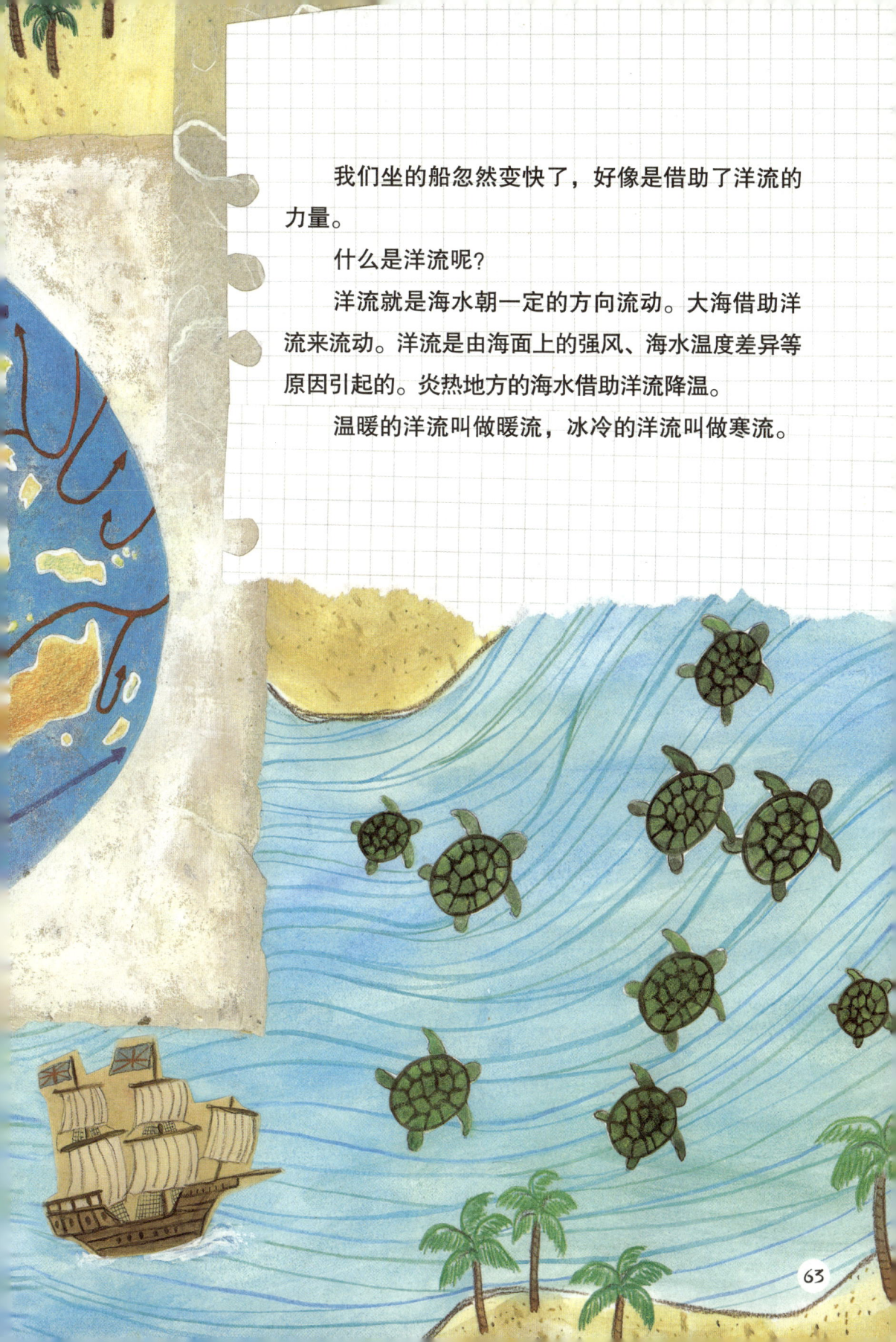

我们坐的船忽然变快了，好像是借助了洋流的力量。

什么是洋流呢？

洋流就是海水朝一定的方向流动。大海借助洋流来流动。洋流是由海面上的强风、海水温度差异等原因引起的。炎热地方的海水借助洋流降温。

温暖的洋流叫做暖流，冰冷的洋流叫做寒流。

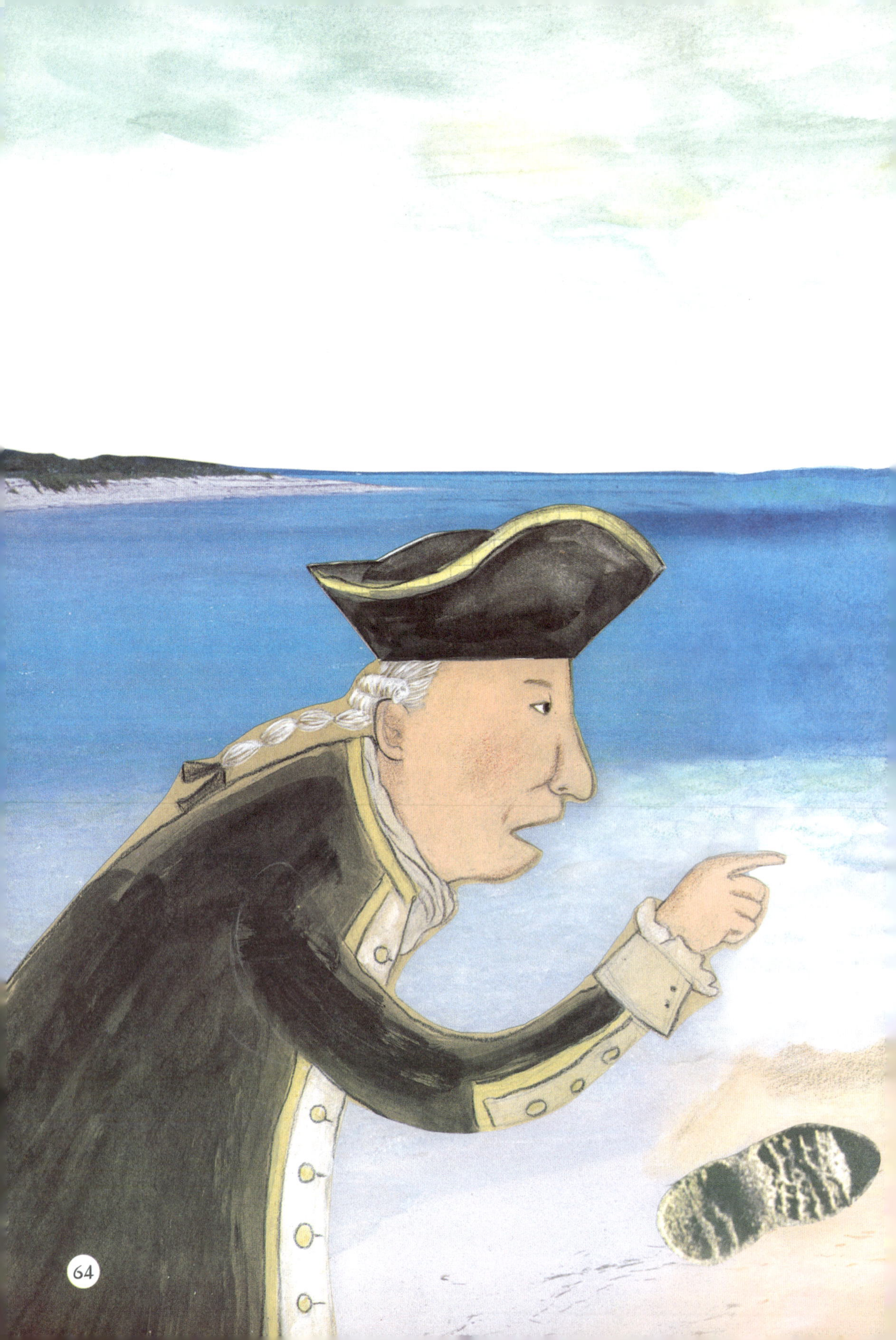

哇，远处有个岛！

在岛屿周围，有美丽而广阔的沙滩。

但是沙滩上的沙子是在海洋形成的时候就有了吗？

不是哦！山上巨大的岩石经过漫长的岁月，经受风雨洗礼，逐渐开始断裂、破碎，之后变成卵石，然后又变成沙粒，最后变成了颗粒很小的沙子。

这些沙子顺着水流流到海边，形成了我们今天看到的沙滩。

哗，哗……耳边传来了海浪的声音。

浪花看起来总是那么迷人。

不知不觉中起风了，海水泛起层层波浪，一个连着一个，整个大海都开始泛起了波浪。

海浪主要是由风引起的。

不论是哪个海洋，海里的波浪都是一刻不停歇的。

海水变红了

海水中的浮游生物是非常微小的生物，它们是鱼类的食物。浮游生物如果大量增多，海水就会变红，形成赤潮现象。大量的浮游生物覆盖在海洋表面，就会导致鱼类供养不足而引起鱼类大量死亡。赤潮现象在海水温度升高时容易发生。

哗，海水退潮了。

在海边，海水完全退去后就会露出泥滩。泥滩就是涨潮时被淹没，退潮时显露出来的平坦的海底。

泥滩可以阻止陆地的污染物进入海里，使海水保持干净。

在泥滩里有海螺、螃蟹、贝壳等许多生物，它们互相帮助，共同生活。

体验泥滩

海水退潮以后，泥滩就露出来了。大家到泥滩上去找找在那里居住的朋友们吧。

哈哈，看看这个日本沙蚕。

哇！好激动！

哎呀，真吓人！

虾虎鱼

海螺

螃蟹

71

啊，好咸！

小朋友们，你们尝过海水的味道吗？
海水是咸的。
因为海水里有盐，所以尝起来味道是咸的。
如果把海水收集起来晒干，就会得到盐。

海边的盐田
把海水围起来，在阳光下晒干就会得到盐。

海里也有很多好看的风景,伸展开来的大陆架就非常壮观。
大陆架是从海边开始慢慢倾斜的、平整低矮的地面。
因为这里能够接收到阳光的照射,所以生长了很多生物。

大陆架

大陆坡

海山

海沟

在大陆架尽头有像悬崖一样陡峭的大陆坡。

在海底，这种深深的峡谷叫做海沟。

和陆地一样，海底也有山和山脉。

海底由于火山爆发也会形成山，这样的山露出水面的部分就叫做岛屿。

平顶海山

海底山脉

火山岛

鱿鱼

海洋里生活着众多的生物。

海洋中大约有15200种动物，其中鱼类大约有2500种。

在海洋中和在陆地上差不多，大的动物会把小的动物当做食物吃掉。

在黑暗的深海，一些鱼类为了吸引食物，还会发光。

青花鱼

鲨鱼

章鱼

鮟鱇

77

刺松藻

马尾藻

江蓠

78

大海里也有很多植物。

这些植物根据生长的深度不同，颜色也不一样。

在较浅的地方，植物可以接收到阳光，所以是绿色的。

再深一些，植物就呈现出褐色。

再往深处，植物就是红色的了。

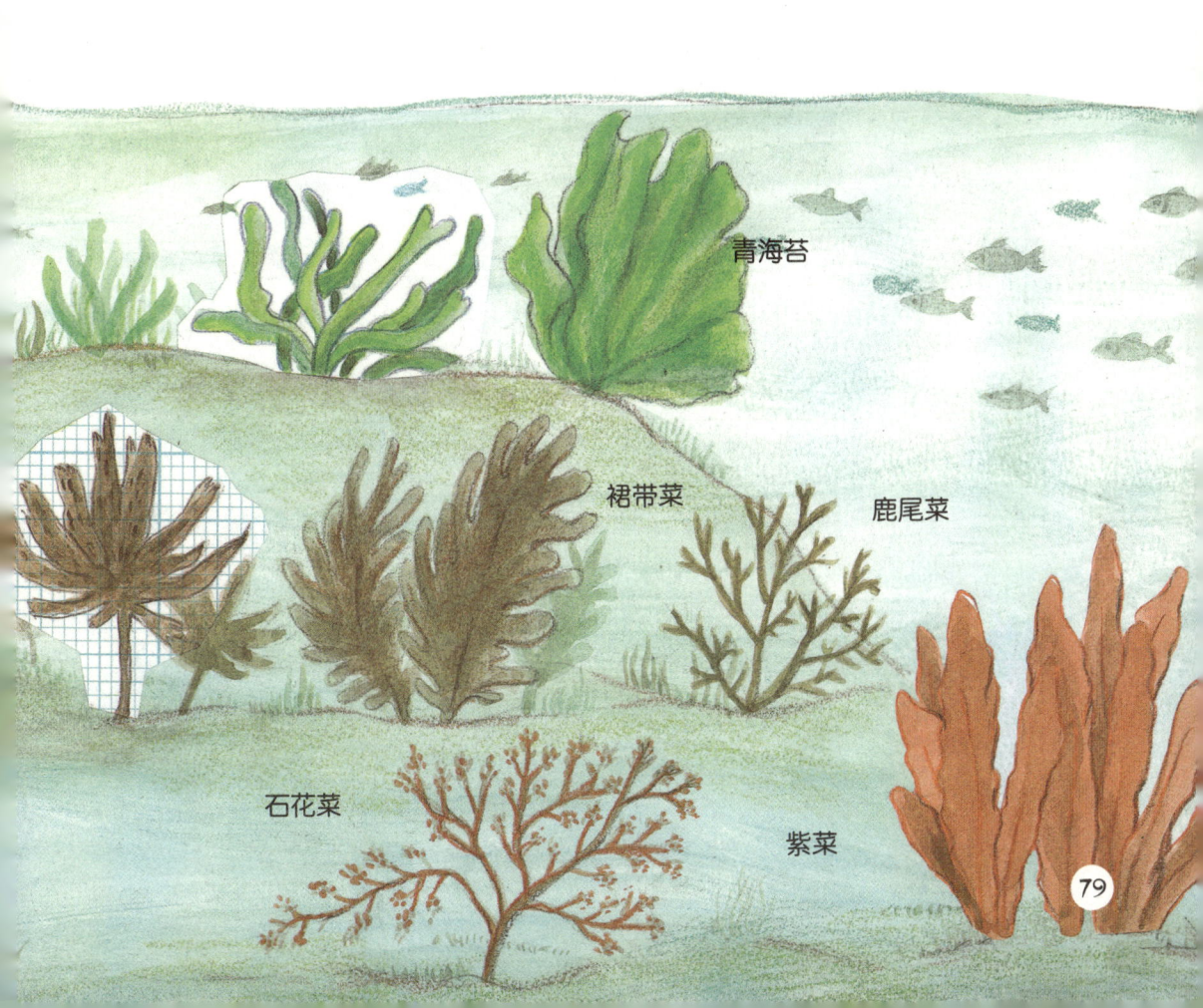

青海苔

裙带菜

鹿尾菜

石花菜

紫菜

很久很久以前，海边的人们以捕鱼和捡贝壳为生。

现在的人们也一样，从大海里可以得到很多东西。

大海里有很多鱼类以及石油能源，所以我们说它是个巨大的宝藏。

大海也是游泳爱好者和冲浪者的乐园。

我们也可以通过海上航行到达另外一个国家。

为了我们未来的美好的生活，作为地球上的小公民，我们更应该好好保护大海哦。

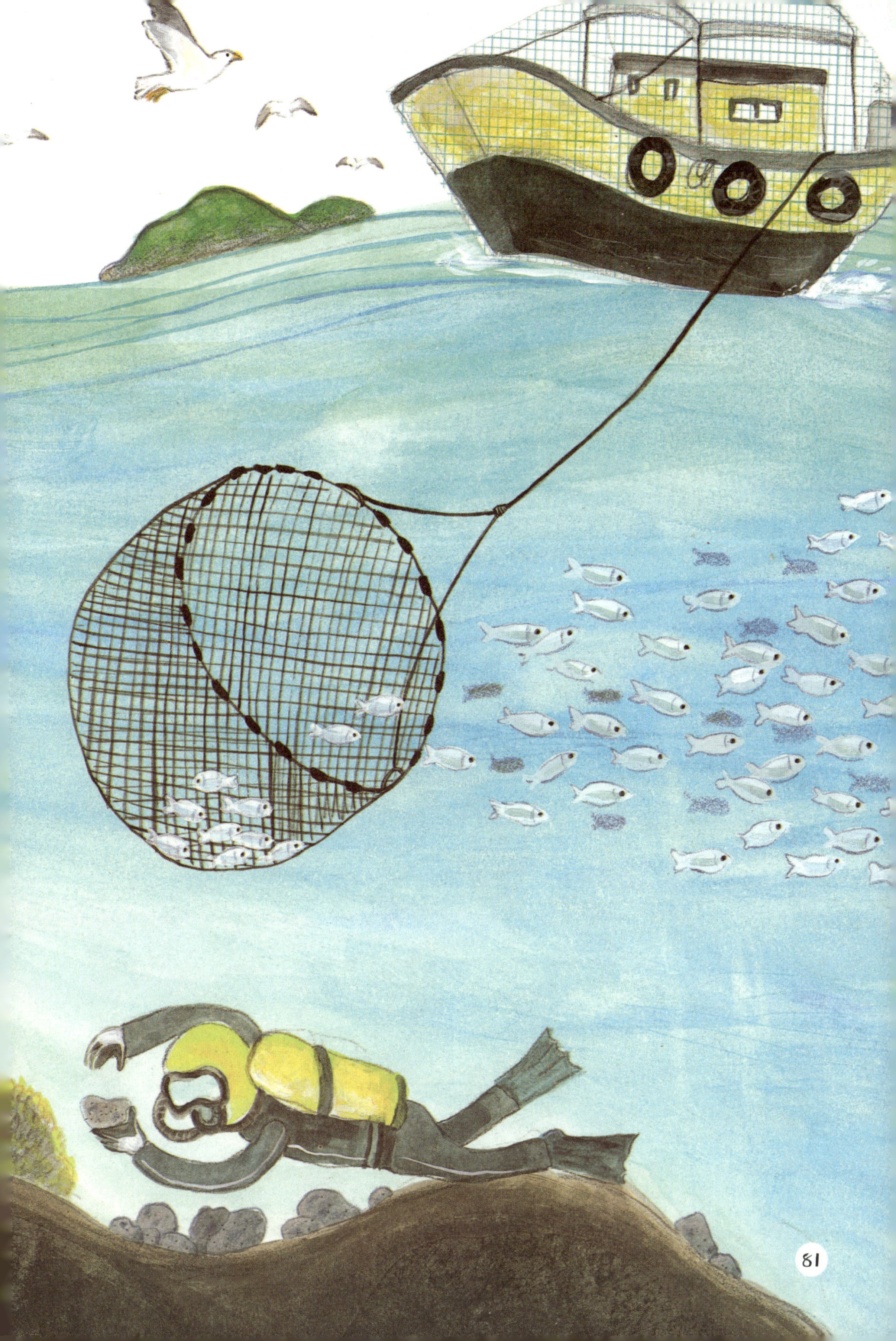

阅读课

海路的开通

在很久以前，人们还不知道地球是圆的。那时候，去大海里航行就像是拿生命来冒险。

15世纪开始，随着航海技术的发展，人们发明了结实的船，可以深入到大海深处。于是，探险家们开始向大海的深处出发了。

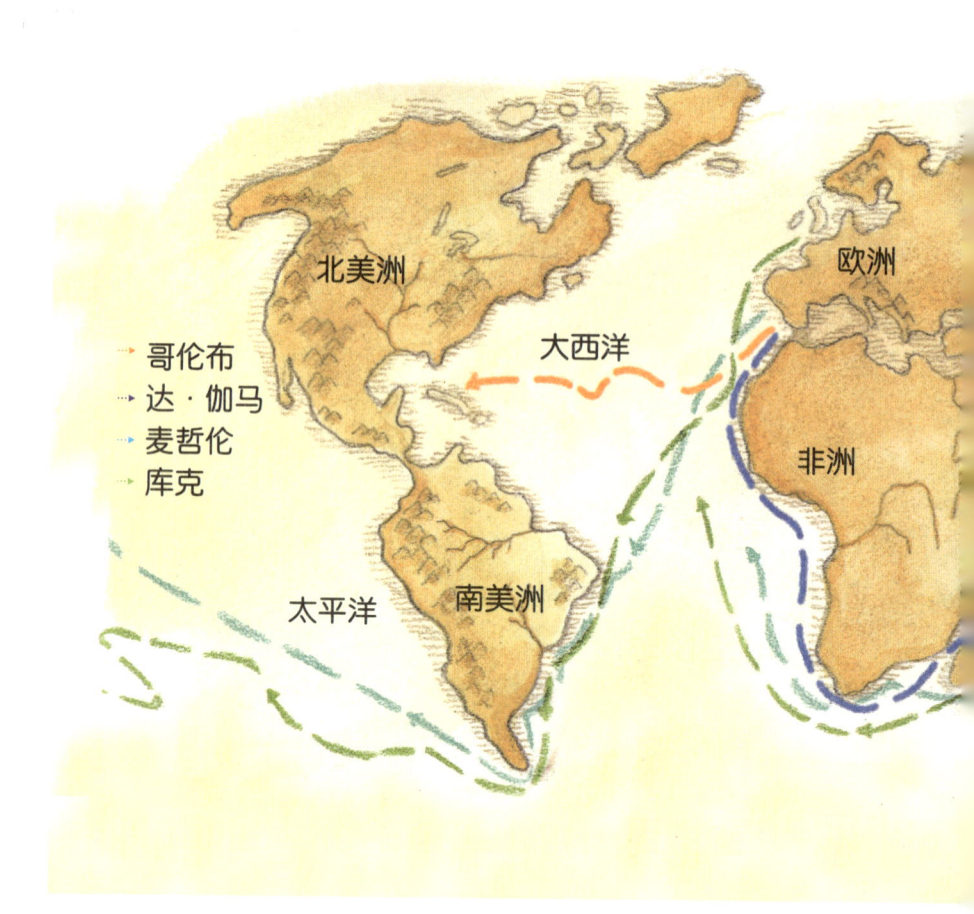

- 哥伦布
- 达·伽马
- 麦哲伦
- 库克

北美洲　大西洋　欧洲　非洲　太平洋　南美洲

探索未知的世界

1492年，哥伦布（1451-1506）发现了美洲大陆。

1498年，达·伽马（1469-1524）发现了通往印度的海路。

麦哲伦（1480-1521）乘船进行了环球航行，证明了地球是圆的。

两百多年之后，詹姆斯·库克（1728-1779）在太平洋进行了探险活动。

随着大规模的航海活动的进行，人们有了很多新的发现，得到了很多新的知识和经验。这个时代被称为"大航海时代"或者"地理大发现时代"。

亚洲

印度

太平洋

印度洋

澳大利亚

女人也想成为英雄

新西兰小说家威提·伊希麦拉（1944–）的《鲸骑士》中有一个梦想成为英雄的毛利族少女。

毛利族是新西兰传统部族。毛利族有个传说，新的首领会骑着鲸鱼而来。

到了选拔族长的那天，一位少女骑着鲸鱼从海里而来。于是，她就成了毛利族最早的女族长。

在大海里捕鱼

在美国小说家海明威（1899-1961）的小说《老人与海》中，主人公是一位名叫圣地亚哥的渔夫。

老渔夫圣地亚哥连续八十四天没捕到鱼了。有一天，他终于钓上了一条大马哈鱼。这条鱼比他的船还要大。他杀死这条鱼，将它绑在小船的一边。在归程中，他又遭到了一条鲨鱼的袭击，最后回港时大马哈鱼只剩下头、尾和一条脊骨了。

小书桌

海洋是连在一起的

海洋是生命的起源，也是诸多生命体赖以生存的地方。至今仍有很多海洋的谜团人类没有解开。

区分海洋

海洋大体上可以分为大洋和附属海。

太平洋、印度洋、大西洋、北冰洋被称为四大洋。北冰洋也被称为北极海。

附属海分为地中海和边缘海。地中海，也叫陆间海，就是被陆地包围起来的海洋，也可以指欧洲和非洲、亚洲之间的海洋。非洲大陆和阿拉伯半岛之间的红海等也是地中海。

边缘海是指像中国周围的东海、黄海、南海这样和陆地接近的海洋。

相互间隔很远的海洋颜色、温度以及咸度都是不同的。

我国的近海

中国近海包括渤海、黄海、东海和南海。

渤海是中国最北的近海，三面环绕着陆地。

黄海是中国大陆与朝鲜半岛之间的浅海，因海水呈黄褐色而得名。

东海是中国岛屿最多的海域。东海为地震活跃区，尤以琉球群岛的地震最为频繁。广阔的东海大陆架海底平坦，水质优良，又有多种水团交汇，为各种鱼类的生存提供了良好的条件。东海的舟山渔场是中国最大的渔场。

南海为中国近海中面积最大、水最深的海区，位于中国最南端。

为了寻找食物,很多鸟类聚集到江河上。

江河入海

海水被太阳照射后变成水蒸气升到空气中。

水蒸气在空中凝结成云,变成雨落到地面上来。

地面上的雨水有的流过山谷,有的渗入到地下,形成江河。

江河的上游有很多巨大的带有棱角的石块,下游会有很多小的圆滑的石块。

再往下游走是更细小的沙子或者泥土。

最后,江河在入海口处汇入大海。

四大洋名字的来历

太平洋：1520年，麦哲伦在环球航行途中，进入一个海峡(也就是我们今天所说的麦哲伦海峡)，海峡里波涛汹涌，走出峡谷时风平浪静，于是他将这片水域称为太平洋，因为这个名字吉利，所以也就逐渐被人们接受，使用到了今天。

大西洋：英文中的大西一词，源于古希腊神话中大力士阿特拉斯的名字。传说阿特拉斯住在大西洋中，他熟悉每一个海洋的深度，有着擎天立地的神力。1845年，伦敦地理学会将其定名为大西洋。

印度洋：1497年，葡萄牙航海家达·伽马在一次航海探险中，绕道非洲好望角，想要向东寻找印度大陆，他将自己所经过的洋面称为印度洋。1570年的世界地图集正式将其命名为印度洋。

北冰洋：位于北极，终年冰封。1845年在伦敦地理学会上正式将其命名为北冰洋。

名人故事

库克船长与坏血病

在漫长的海上航行生活中,船员们如果得了坏血病,那么通常是必死无疑。人体储存的维生素C只能维持6个星期,而海上的航行通常会历时几个月,甚至更久。体内的维生素C用完了,人的牙床就会肿烂,然后坏血病侵入身

体，危及生命。1497年7月9日到1498年5月30日，葡萄牙航海家达·伽马发现绕过非洲到达印度的航线，160个船员中有100多人死于坏血病。1519年，葡萄牙航海家麦哲伦率领的远洋船队从南美洲东岸向太平洋进发。船到达目的地时，原来的200多人只剩下了35人。

库克船长发现了可以防治坏血病的办法。有一次他在自己的航船"奋进"号上带了3000多公斤的德国酸白菜。这样，船上70人在一年航程中每人每周就能吃到1公斤的酸白菜。酸白菜含有丰富的维生素C。他逼船员吃酸白菜，不吃就要受罚。此外，他发现橙汁也对预防坏血病非常有效。在每次航行靠岸时，库克都命令船员上岸购买大量的水果和蔬菜。

在新西兰和澳大利亚东海岸航行时，他们发现了很多从没有吃过的水果和蔬菜。大家对这些新奇东西充满了恐惧，但库克坚持让他的船员吃。在1768年到1780年间的三次远航中，有些船员也会生病，但没有一个人因为得了坏血病而死去。库克船长因为防治坏血病作出了巨大贡献，被伦敦皇家学会选为会员，并被授予了科普利奖章。

实验室

如何研究海底的世界呢？

我们在海水中不能呼吸，所以不能潜到深深的海底。那么大海的深度是怎么测量出来的呢？

1520年，著名航海家麦哲伦曾经尝试着探测海的深度。他们在一条800米长的绳子一端拴好一个重锤放到海里，但是重锤不能接触到海底，所以测量失败了。现在我们用回声探测仪探测。回声探测仪是利用声音在海底反射来测量海洋深度的，就好像我们在山谷中听到回声一样。

让我们就像测量大海深度那样，测一下眼睛看不到的地方的深度吧。

请准备下列物品：

水箱　　沙子、石块等　　透明胶　　水　　尺子　　纸　　彩笔

一起来动手：

1. 在水箱的底部铺上沙子、石块。注意不要铺平，让底部高低起伏。

2.在水箱里倒满水,在水箱的外面贴上纸,把水箱四周包住。

3.把尺子竖在水箱里放好,戳到沙子、石块的上方,然后量一下尺子被纸挡住部分的高度。

4.将尺子慢慢向前移动,尺子随着底部石块、沙子高度的变化而上下变化,记录下尺子被纸挡住部分的高度,做个记号。

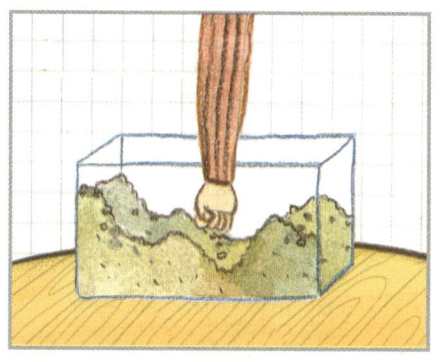

① 在水箱的底部铺上沙子、石块。注意不要铺平,让底部高低起伏。

② 在水箱里倒满水,在水箱的外面贴上纸,把水箱四周包住。

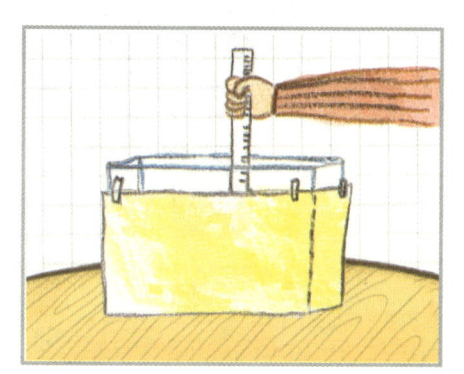

③ 把尺子竖在水箱里放好,戳到沙子、石块的上方,然后量一下尺子被纸挡住部分的高度。

④ 将尺子慢慢向前移动,尺子随着底部石块、沙子高度的变化而上下变化,记录下尺子被纸挡住部分的高度,做个记号。

实验结果：

　　随着尺子的移动，尺子露出的高度出现了变化，底下石块、沙子高的部分，尺子露出的部分也比较多；底下石块、沙子低的地方，尺子也会往下走，露在上面的部分就少。

为什么会这样？

　　把沙子、石块等高低不平地放在水箱底是为了模仿海底的样子。我们看不到水箱里面，但是我们通过尺子的高度可以知道水箱底的高度。现实生活中，我们把锤子系在船上，放到海底，可以测量海底的深度，也可以使用回声探测仪，通过计算超声波返回的时间测量海底的深度。

伽利略 讲
月球

伽利略·伽利雷

（1564—1642）

伽利略出生在意大利西海岸的比萨市，在青年时代，他就对天文学产生了浓厚的兴趣。在每个星光灿烂的夜晚，他都要拿出望远镜瞄准遥远的夜空，细心地观察。他认为月亮和我们生活的地球一样，有高高的山脉，也有低洼的溪谷。他还发现了木星周围有卫星环绕着它运动，他证实了哥白尼的"太阳中心说"，认为地球和其他行星都围绕着太阳运转。

伽利雷·伽利雷

但是在当时，这一理论遭到了传统宗教权威的镇压，他不得不在沉默中度过了许多年。

月球是距离地球最近的天体。

从古代起就有许多和月亮有关的神话传说，比如，嫦娥奔月、吴刚伐桂、玉兔捣药。

那时的人们只能远远地望着月亮，想象着月亮上的情景。

伽利略却可以用望远镜来仔细地观察月球。他通过观察不仅发现了月球表面的景象，还观察到了许多天文现象。

下面，就让我们和伽利略一起，来了解一下这些有趣的知识吧。

小朋友们，你们好。很高兴见到大家。

我是来自意大利的科学家伽利略。

今天，我给大家讲一讲有关月球的故事，你们愿意听吗？

小朋友们，你们平时有没有仔细地观察过天空中的月球呢？

如果仔细观察过的话你会发现，月球上有亮的部分，也有暗的部分，对不对？

有人说，月球暗的部分是住在月球上的月兔在不停地捣药，也有人说那是人的脸庞。

由此可见，虽然月球只有一个，但是大家的想象各不相同哦。

101

当我用望远镜观察月球的时候，会发现月球上没有人，也没有动物。

你们看到的月球发亮的地方叫做陆地，发暗的地方叫做海洋。

月球的海洋和地球的海洋可不一样，它叫海洋，可是并没有水。它指的是月球表面又宽又暗的平地。

月球的海洋是因为被高大的山脉环抱而产生的影子，所以人们从地球看的时候显得发暗。

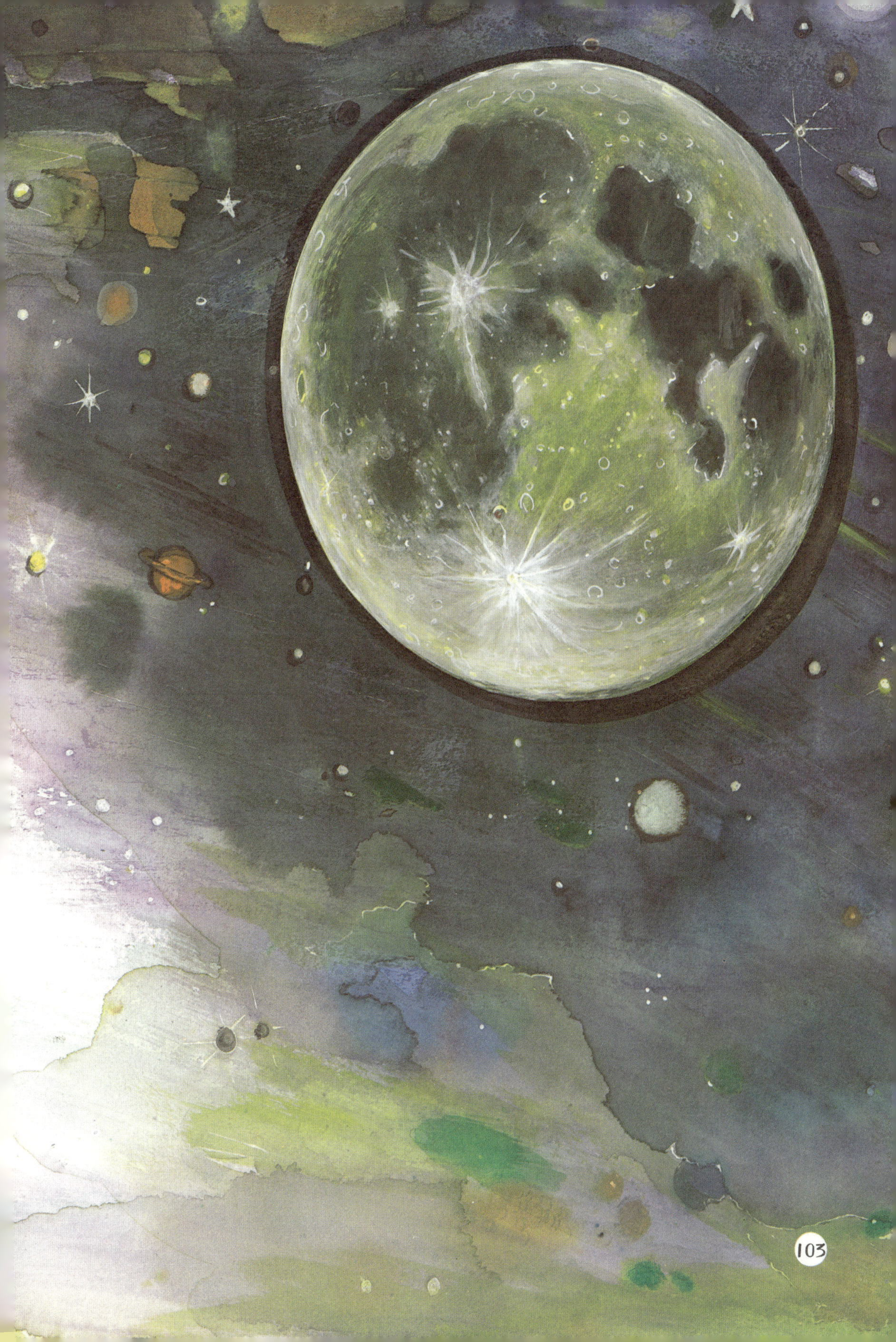

我们继续用望远镜观察的话会看到许多环形隆起的低洼的坑，这些就是环形山。

环形山的形成目前科学界有两种说法，一种说法是由于月球被其他行星撞击而形成的；另外一种说法认为月球上原本有许多火山，最后火山爆发而形成了环形山。

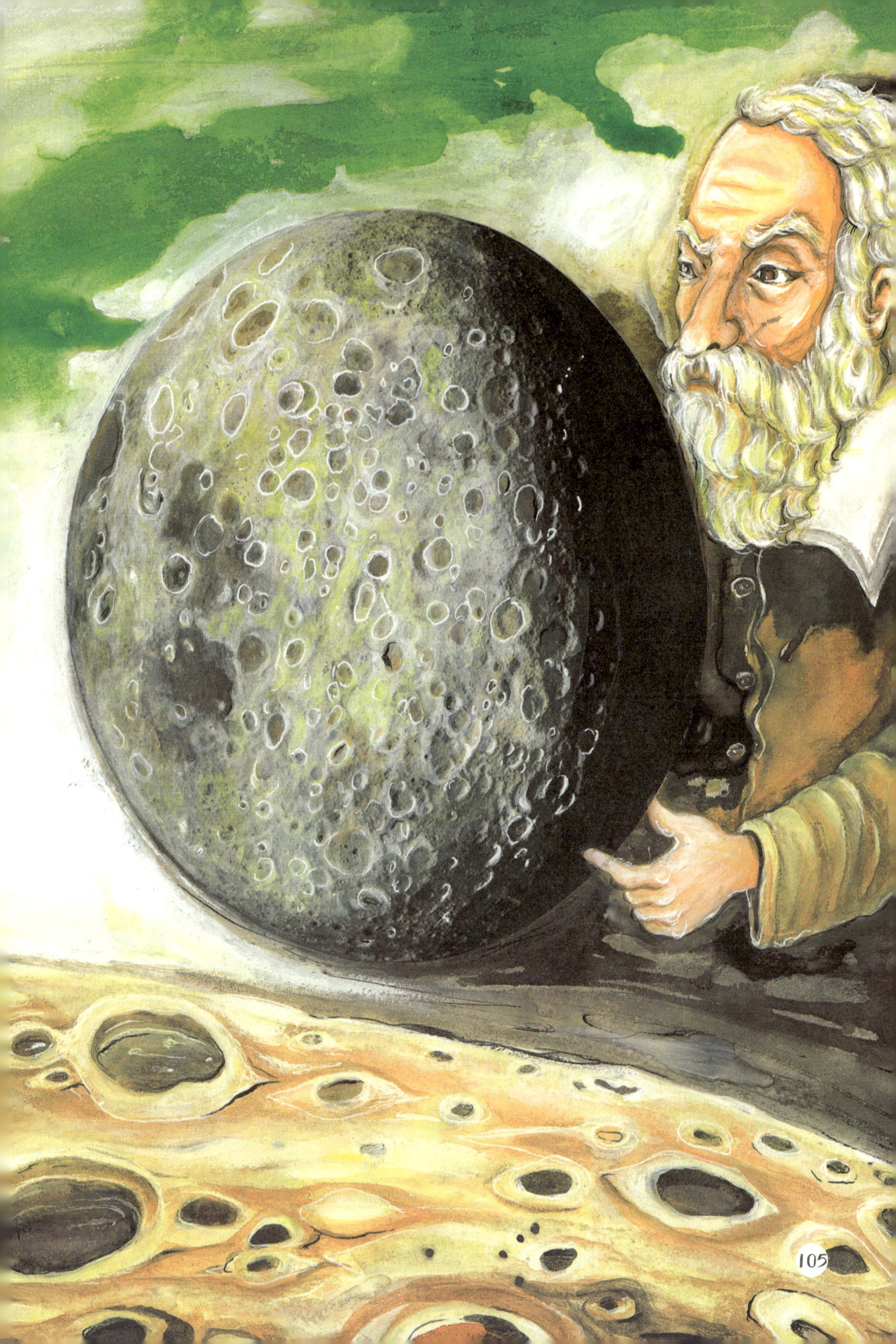

我们从地球看月球,它好像是闪闪发亮的,但是月球本身并不能发光哦!

月球不是本身就会发光的恒星。月球看起来会发光是因为反射了太阳光。我们看到的其实是照在月球上反射过来的太阳光!

如果我们在月球上看地球的话,地球也会发光,因为地球也会反射太阳光。

知识加油站

月球自己不会发光

像太阳一样烧得通红发亮,会自己发光的星星叫做恒星。地球和月球自己不能发光,所以不是恒星。地球是绕太阳转的行星。月球是绕地球转的卫星。

晚上我们所在的地方背离太阳，所以我们看不到太阳光，只能看到太阳光照在月球上反射的月光。

月球反射太阳光。

地球

月球

新月　峨嵋月　上弦月　满月

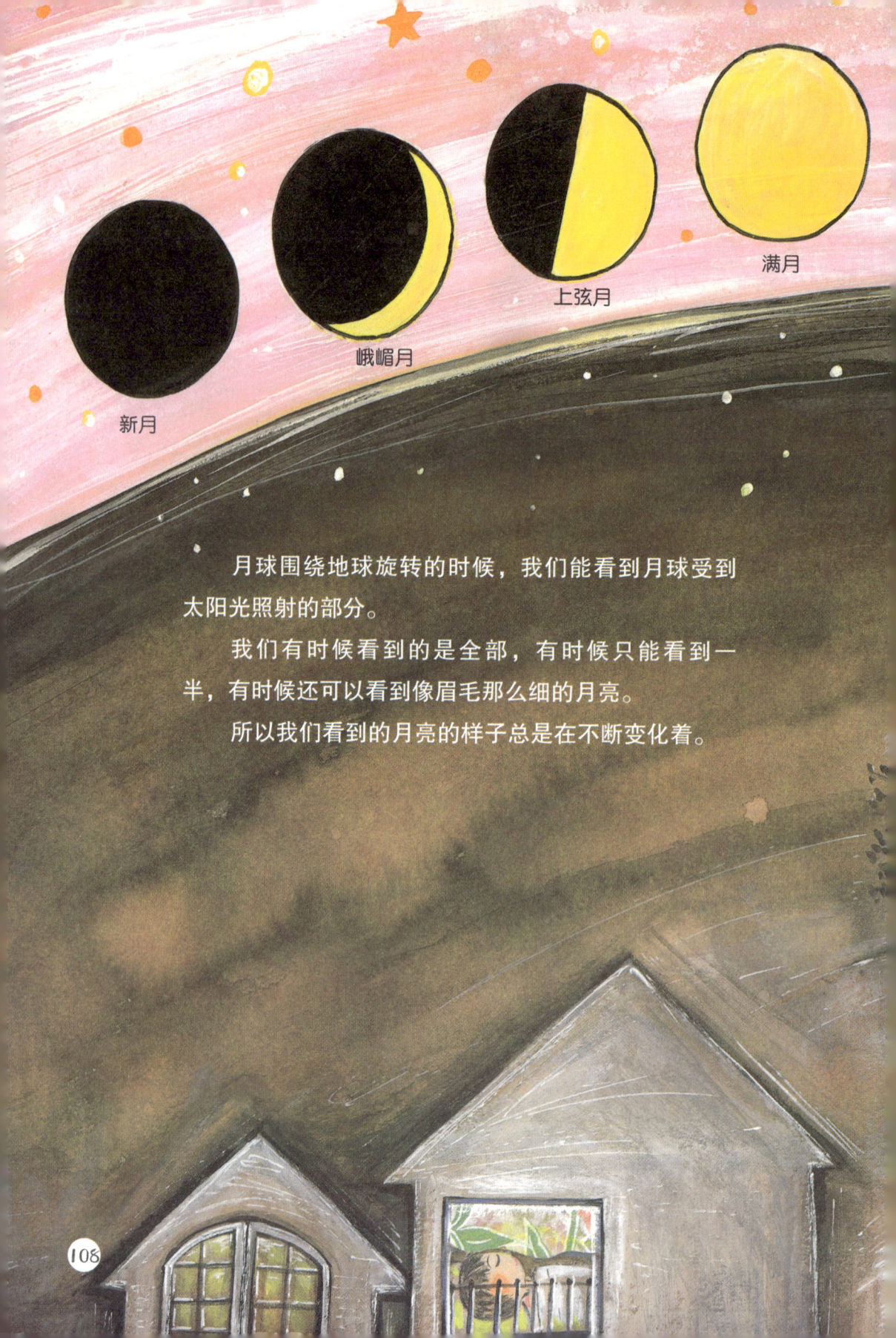

月球围绕地球旋转的时候，我们能看到月球受到太阳光照射的部分。

我们有时候看到的是全部，有时候只能看到一半，有时候还可以看到像眉毛那么细的月亮。

所以我们看到的月亮的样子总是在不断变化着。

下弦月　　　残月　　　新月

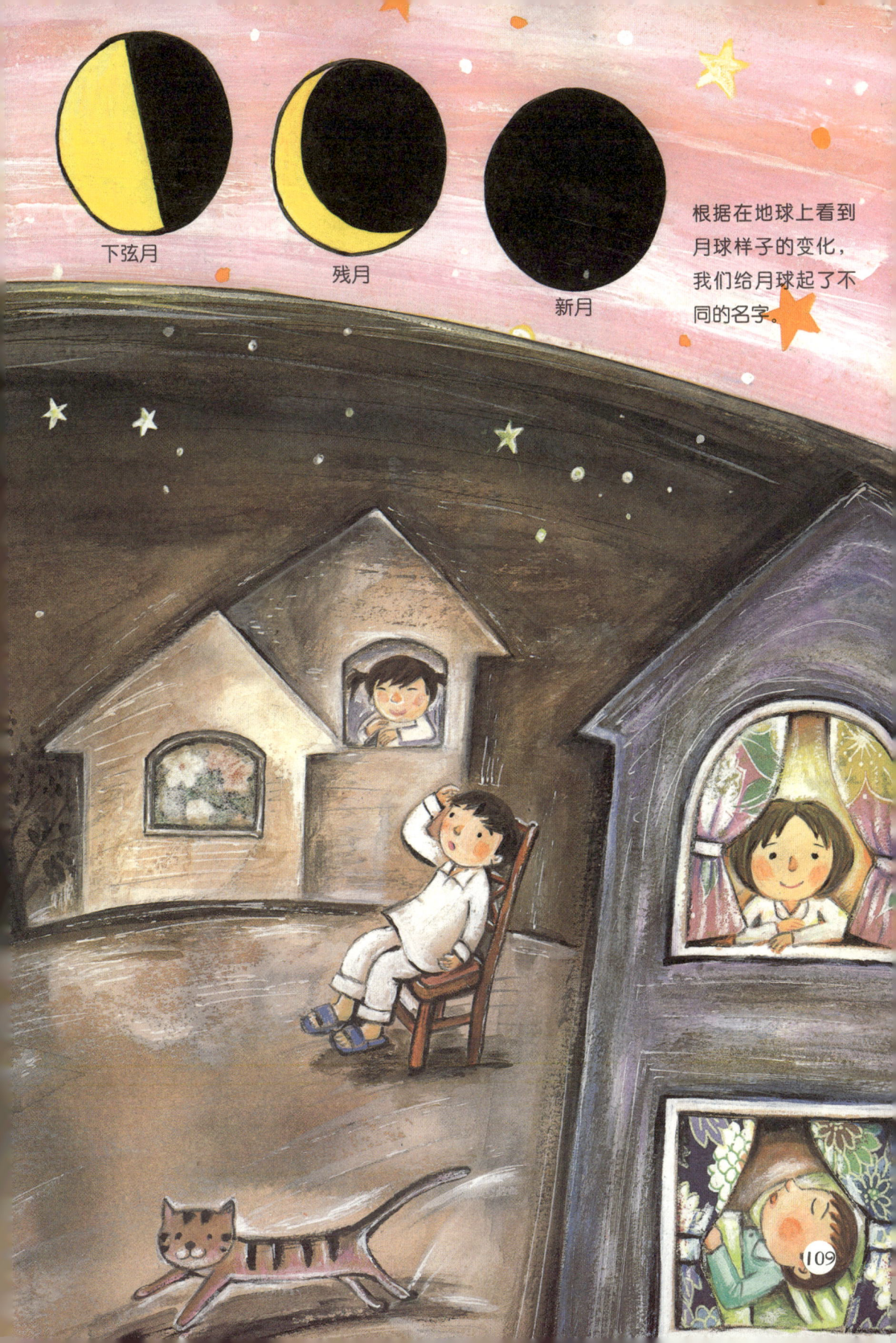

根据在地球上看到月球样子的变化，我们给月球起了不同的名字。

109

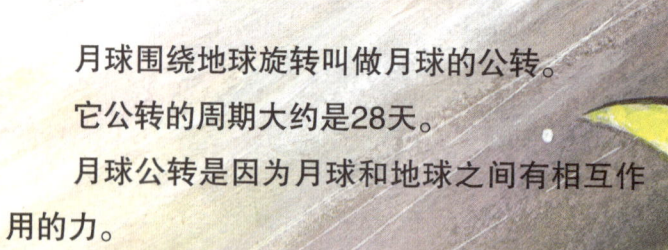

月球围绕地球旋转叫做月球的公转。

它公转的周期大约是28天。

月球公转是因为月球和地球之间有相互作用的力。

物体之间相互吸引的力叫做万有引力。

地球

我们每天看到的月球位置都不一样。

月球每天升起的时间都要比前一天晚50分钟。

如果每天晚上我们都在同一时间、同一地点观察月球的话，会发现月球会比前一天向东边移动了一点。

随着时间的推移，月球会渐渐地从西边移动到东边，我们看到的月球的形状也会发生变化。

东

知识加油站

月球从东边升起

月球从地平线上升起，叫做月出。落到地平线下直到看不见，叫做月落。

从峨眉月开始，一直到满月，月球每天白天都是从东边的天空升起，最后落到西边。

其实白天的时候月球也挂在天空中，只是太阳光太强烈，我们看不见月球。

等太阳落下，天空变暗了，我们就能看到月亮在西边的天空上。

太阳落下之后，我们可以看出月球的形状和位置每天在变化。

西

多吃五谷杂粮和蔬菜

115

月球围绕着地球旋转，有时候会转到太阳和地球之间。这时月球移动到地球的前方，把太阳遮住了。

有时候月球挡住了太阳的一部分，人们看到阳光逐渐减弱。有时候月球把整个太阳都挡住了，天空变得和夜晚一样黑。这样的现象叫做日食。

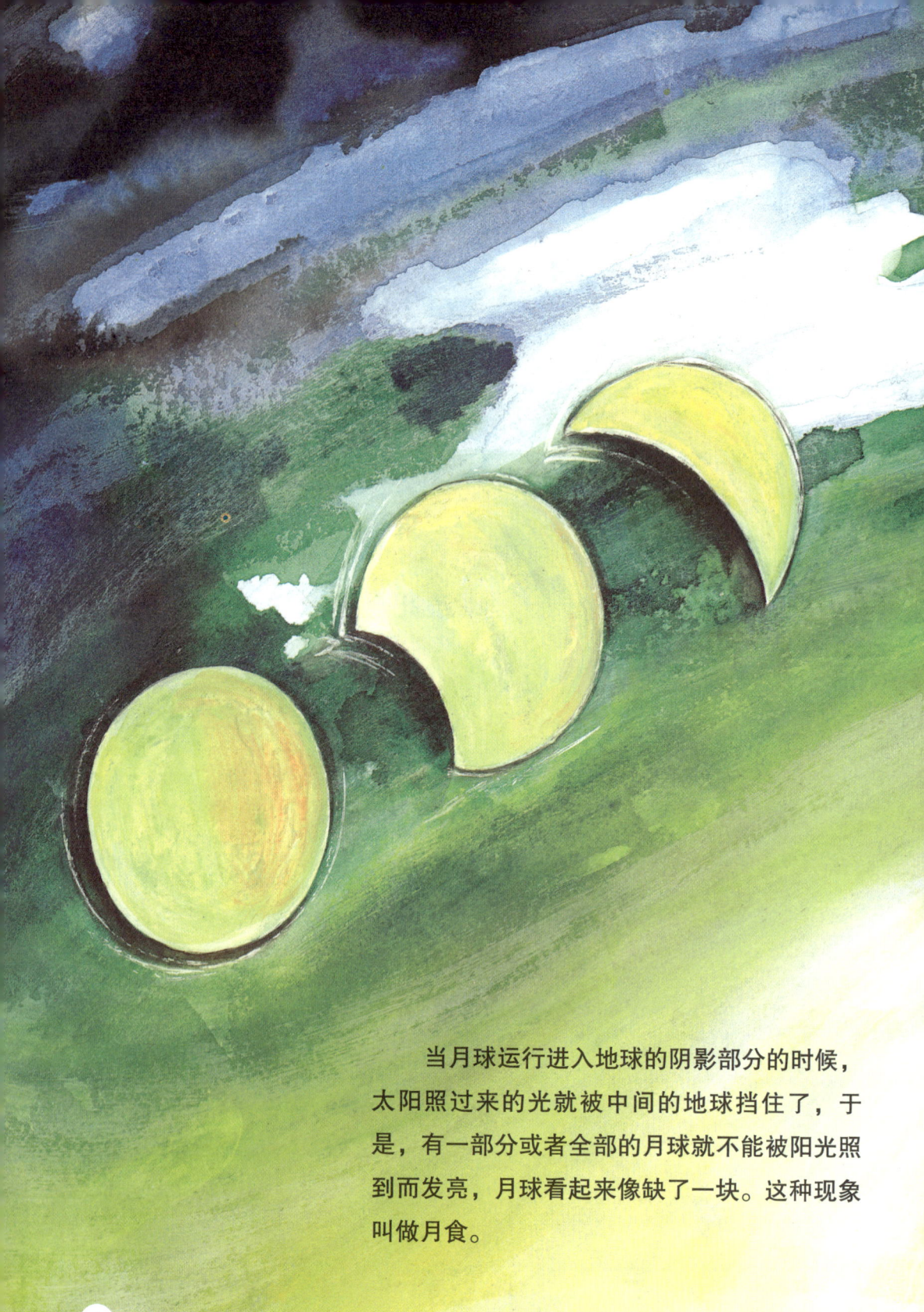

当月球运行进入地球的阴影部分的时候，太阳照过来的光就被中间的地球挡住了，于是，有一部分或者全部的月球就不能被阳光照到而发亮，月球看起来像缺了一块。这种现象叫做月食。

月食发生的时候，也就是太阳、地球、月球三者恰好在同一条直线上的时候。

月球永远都是一面朝向我们,所以我们在地球上看不到月球的背面。

苏联的"月球三号"探测器,绕到了月球的背面,拍到了月球背面的照片,人们这才了解到月球背面的样子。

通过照片我们发现月球和地球表面的样子很不一样,月球上有许多环形山脉。

特别让人兴奋的是,"阿波罗11号"宇宙飞船让我们实现了登上月球的梦想。

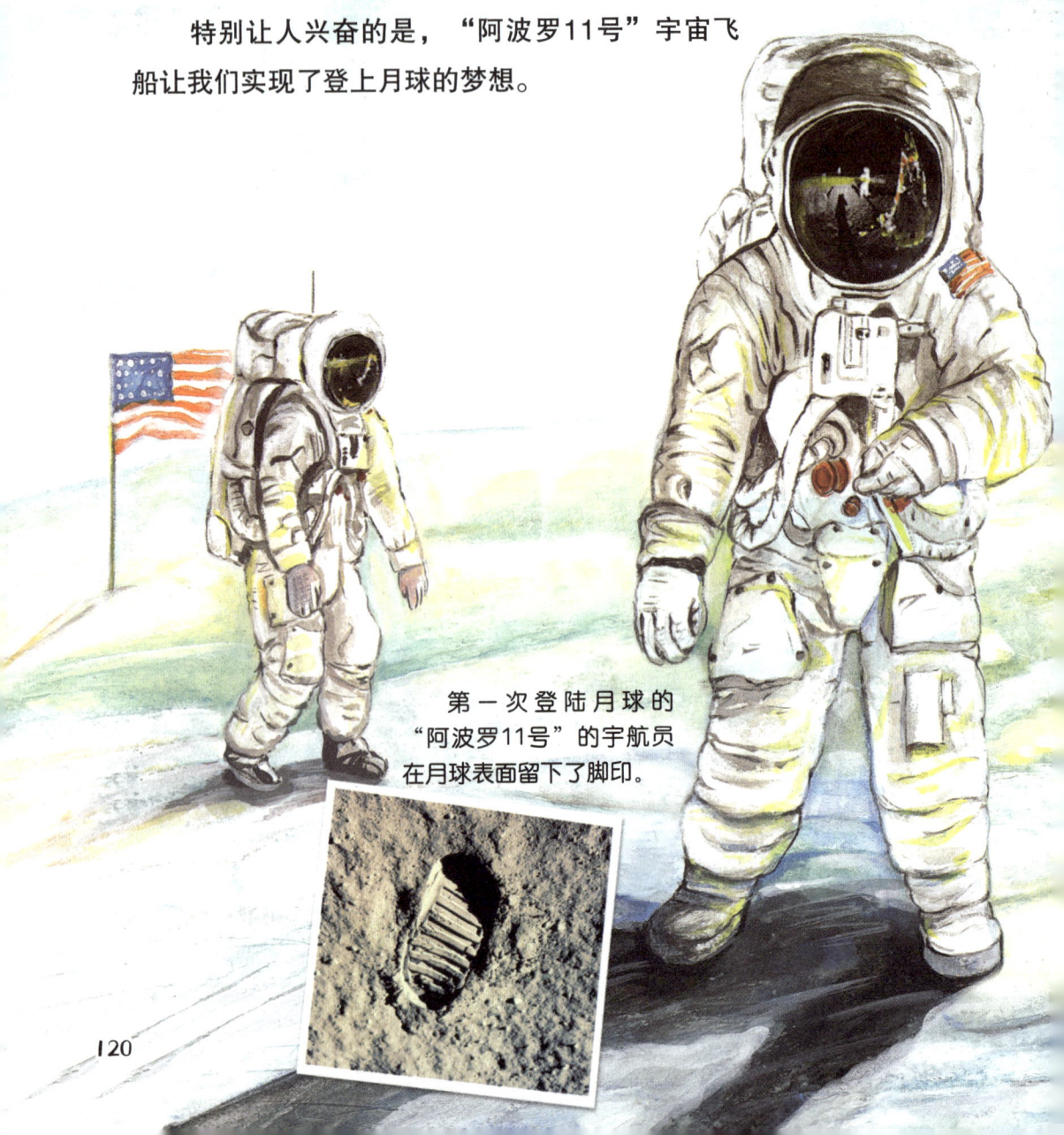

第一次登陆月球的"阿波罗11号"的宇航员在月球表面留下了脚印。

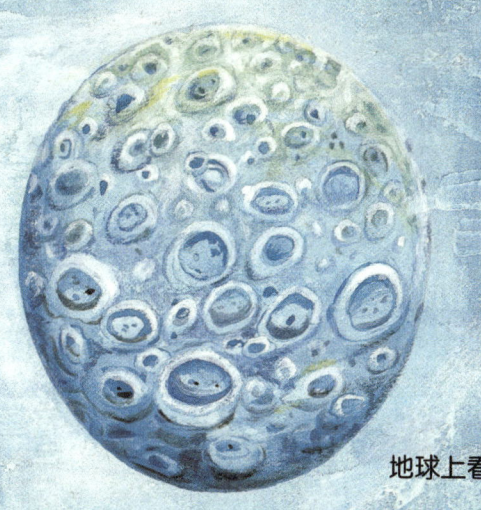

地球上看不到月球的背面。

美国的"阿波罗11号"的宇航员们乘坐宇宙飞船到达月球表面。

月球围绕地球做椭圆形运动。

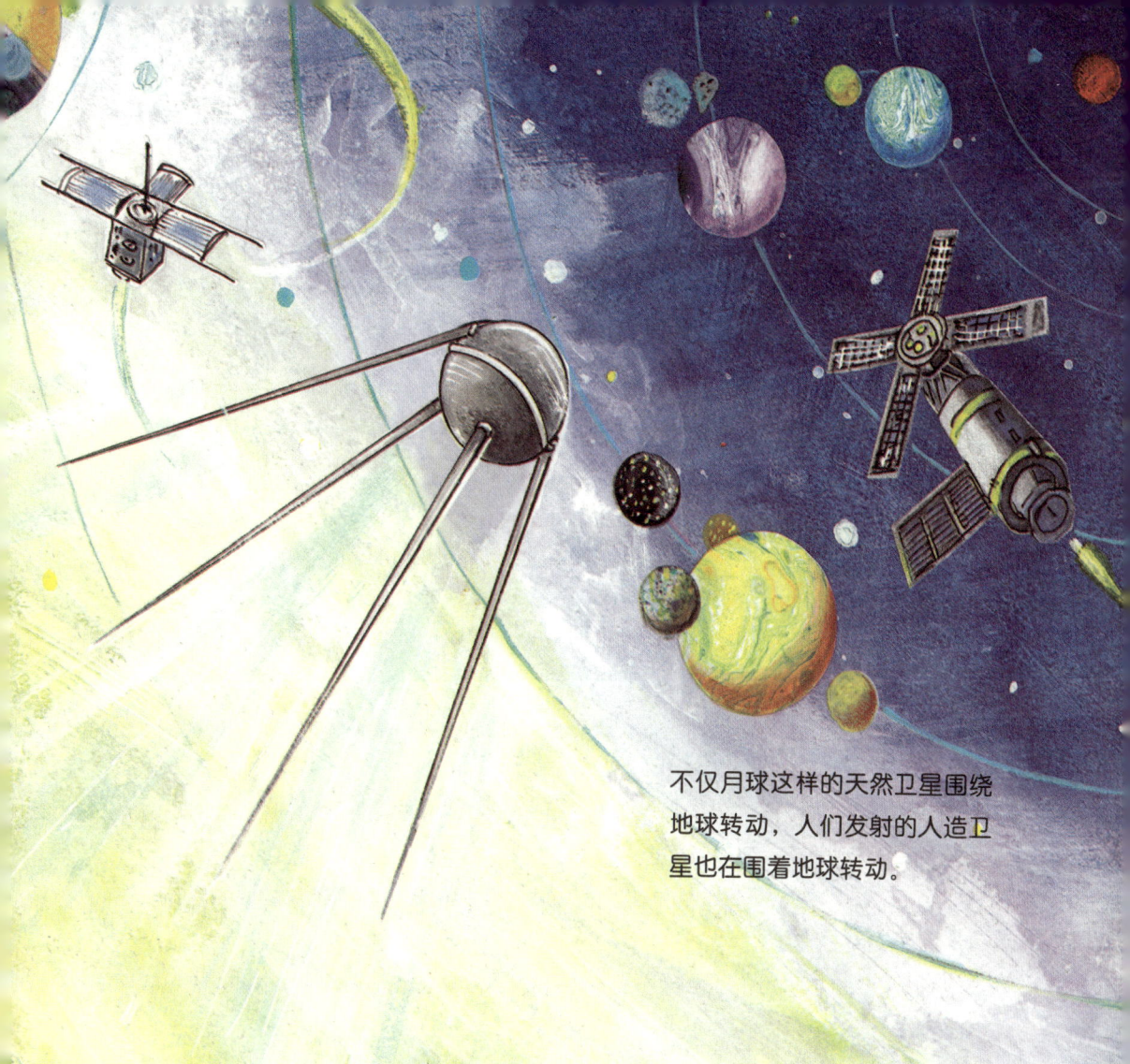

不仅月球这样的天然卫星围绕地球转动,人们发射的人造卫星也在围着地球转动。

继"阿波罗11号"之后,人们又发射了宇宙飞船和探测飞船去研究月球。

月球是地球唯一的天然卫星,是距离我们最近的天体。从地球诞生起,月球就一直绕着地球转动。

火星有两个卫星,木星和土星有更多卫星。

很久以前，月球和地球关系就很密切，但是月球和地球有很多不同的地方。其中最大的区别在于月球上没有空气。

因为月球上吸引力很小，不能抓住空气粒子。

因为没有空气，月球上不会刮风下雨，也不能传播声音。

我们研究从月球上带来的石头和土壤发现，月球上没有水存在。

月球车
这是在月球表面探险时使用的月球车。美国的"阿波罗15号"宇宙飞船登陆月球时第一次使用。

探测月球的宇航员把月球上的石头带了回来，这对于揭开月球的秘密起了很大的帮助。

知识加油站

月球上没有空气

月球上没有空气，不能反射太阳光，所以月球的天空跟地球不一样，是黑漆漆的一片。

白天有太阳光，温度很高。到了晚上，没有了太阳光，温度会变得非常低。

因为没有空气，食物放很久也不会坏掉。

把球和纸放在同样的高度下落，纸会像球一样快速地掉下来，这也是没有空气阻挡造成的结果。

月球是怎么出现的呢？科学家对这个问题的回答也不一样。

有人认为地球刚出现时和大行星发生了碰撞，碰撞所产生的碎块聚在一起，变成了月球。

还有人认为是地球旋转的时候，有一小部分脱离了地球，变成了今天的月球。

还有人说月球在别的地方产生，被地球吸引过来以后就绕着地球转了。

地球

月球

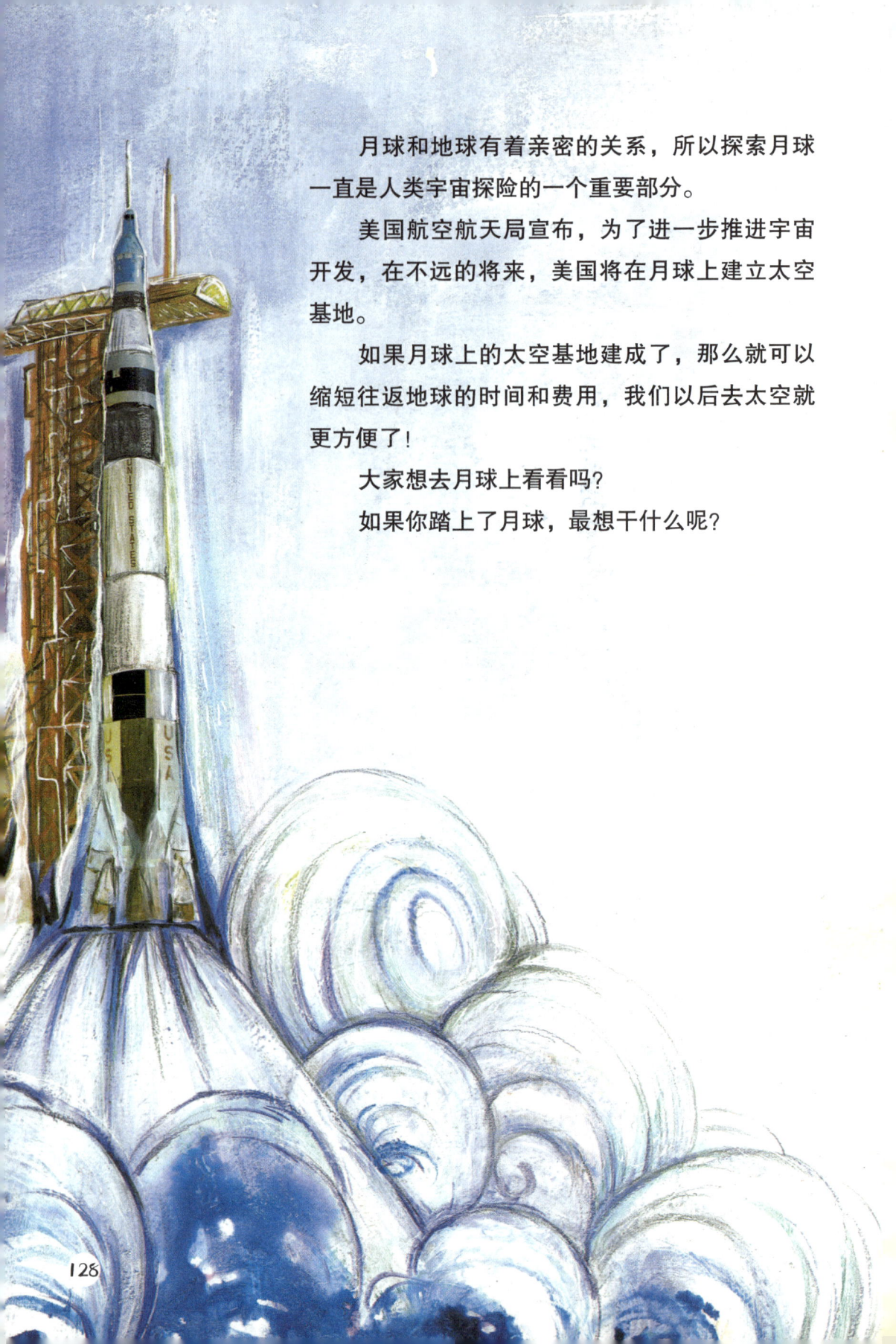

月球和地球有着亲密的关系，所以探索月球一直是人类宇宙探险的一个重要部分。

美国航空航天局宣布，为了进一步推进宇宙开发，在不远的将来，美国将在月球上建立太空基地。

如果月球上的太空基地建成了，那么就可以缩短往返地球的时间和费用，我们以后去太空就更方便了！

大家想去月球上看看吗？

如果你踏上了月球，最想干什么呢？

129

阅读课

关于月亮的传说——嫦娥奔月

在中国古代有关月亮的神话中,最有名的要属嫦娥奔月了。

传说在远古时候,天上出现了十个太阳,大地都被烤得冒烟了。一个名叫后羿的英雄拉开神弓,一口气射下九个多余的太阳。后羿的神勇吸引了许多人来拜师学艺。一个叫蓬蒙的心术不正的人也混了进来。不久,后羿娶了美丽善良的妻子,名叫嫦娥。婚后两人生活得非常幸福。

一天,后羿遇到了王母娘娘,王母娘娘给了他一包不死药。据说，吃了不死药就能升上天变成神仙，就再也不会死了。后羿把不死药交给了嫦娥保管。嫦娥把药藏进了百宝箱里，不料这一切都被坏心眼的蓬蒙看到了。三天后，后羿外出狩猎，蓬蒙假装生病留在了家中。等大家都走了，蓬蒙手持宝剑闯入后院，逼嫦娥交出不死药。为了不让药落在坏人手中，嫦娥一口吞下了不死药。吃完后她的身子就飘离地面，飞到了天上。嫦娥放心不下丈夫后羿，就落到了离人间最近的月亮上，成了仙。

　　后羿回家知道这一切后，非常伤心。可是那天晚上他惊奇地发现，天上的月亮特别亮，上面有个晃动的身影跟嫦娥非常像。后羿马上摆上香案，摆上嫦娥平时最爱吃的食物，来表达自己的思念。百姓们听说嫦娥奔月成仙了，也摆上供品，希望嫦娥能在天上保佑他们。从此，中秋节拜月的风俗在民间传开了。

中秋节要吃月饼、赏月

每年的农历八月十五是中秋节。据说这天晚上月球距地球最近,所以更圆、更明亮。中秋节是中国的传统文化节日。这天夜晚,人们都要仰望明月,盼着家人能够团聚。远在他乡的游子,也看着月亮思念自己的故乡和亲人。所以,中秋节又称"团圆节"。

吃月饼

中秋吃月饼是中国民间的传统习俗。北宋时期,皇家贵族在中秋节喜欢吃一种"宫饼",民间俗称为"小饼"。南宋文学家周密中首次提到"月饼"的名称。中国人民制作月饼的经验非常丰富。明清时期,饼师已经把嫦娥奔月等神话故事作为图案印在月饼上。到了近代,有了专门制作月饼的作坊,月饼馅料、外形和风味变化越来越多。月饼代表着吉祥、团圆,寄托着人们的美好愿望。

赏月

中国自古就有祭月和赏月的习俗。中秋赏月的风俗在唐代十分流行,许多诗人的名篇中都有咏月的诗句。到宋代,中秋赏月之风更加盛行。明清时期,宫廷和民间的拜月赏月活动规模很大,中国各地至今遗存着许多"拜月亭"、"望月楼"等古迹。文人雅士对赏月更是情有独钟,他们有时候登上亭台楼阁,有时候在湖中泛舟,一边喝酒,一边作诗,留下不少脍炙人口的诗词。宋代著名诗人苏轼在中秋那天痛快地喝酒,写出了《水调歌头》,借月亮的圆缺变化比喻人间的悲欢离合。现在,到了中秋节那天,一家人团圆,围坐在一起,吃着月饼,欣赏圆圆的明月,是多么幸福的一件事啊!

小书桌

月亮每天都会变换样子

在漆黑的夜空中,月亮就像是你的朋友,帮你照亮道路。月亮是什么模样呢?月亮是如何运动的呢?现在就来告诉你吧。

宇航员在月球上处于失重状态,他们会比在地球上跳得更高、更远。

我们仔细观察月球会发现，它每天的样子都是不同的。

月球是距离地球最近的星球

月球距离地球约有38万千米，月球的大小约是地球大小的1/4。月球比地球轻，它的重量还不到地球的1/80。月球的重力还不到地球的1/6。月球本身自转的同时，也会围绕地球进行公转。月球自转用的时间和公转用的时间是相同的。

让我们来观察一下满月吧!

每个月的阴历十五,我们可以看到满月。黄昏时,满月从东边升起,黎明时分向西边落下去。满月在一夜之间的位置变化是由于地球自转而产生的。地球从西向东自转,所以我们看起来满月好像是从东到西运动。

满月从东边升起,从西边落下。

观察月球表面

我们观察月球的时候，会看到满月和弯月。你更喜欢哪一个呢？太阳光从正面完全照向月球的时候，就形成了满月。太阳光从侧面照过来的时候，月球产生了阴影。如果我们用望远镜观察，月球表面的样子会看得更清楚哦！

名人故事

摇摆的灯

有一次,伽利略站在熟悉的意大利比萨大教堂,眼睛盯着雕刻精美的祭坛和拱形的廊柱。修理房屋的工人在安装吊灯,突然间,教堂大厅中央的一盏吊灯晃动起来。吊灯像钟摆一样晃动,在空中划出了圆弧。伽利略看到这一幕后,好像触了电一样,眼睛一眨都不眨地跟随着摆动的吊灯,同时,他用右手按着左腕的脉搏,吊灯每摆动一次，他就记下脉搏跳动的次数，这样计算吊灯摆动的时间。

伽利略发现，不管吊灯摆动的圆弧是大是小，吊灯摆动一次的时间总是一样的。一开始，吊灯摆得很快，渐渐地就会慢下来，可是，每摆动一次，脉搏跳动的次数是一样的。

伽利略想，以前学过的书本上都说，摆一个短弧要比摆一个长弧用的时间少，这是古希腊哲学家亚里士多德的说法。许多年以来大家都是这么认为的，难道是自己哪里出了错吗？伽利略赶忙回到学校，找了不同长度的绳子、铁链，还有铁球、木球。他跑到房顶上，站到大树枝上，一次又一次做摆动实验，用沙漏记下摆动的时间。最后，伽利略提出了一个大胆的结论：亚里士多德是错误的。绳子的长度决定摆动周期，而不是它末端的物体重量。只要摆绳长度是一样的，那么振动的周期就是一样的。这就是伽利略发现的摆的运动规律。

玉兔捣药

传说很久以前，有一对兔子修行了一千年，变成了兔仙。它们有四个可爱的女儿，个个生得漂亮伶俐。

一天，玉皇大帝召见雄兔上天宫。雄兔踏着云彩上天，到了南天门的时候，看到太白金星带着天兵天将押着嫦娥从身边走去。兔仙很好奇发生了什么事情，问旁边一位看守天门的天神。兔仙听到嫦娥的故事，觉得嫦娥并没有错，很同情她。可是他想自己力量很小，不能帮嫦娥做什么。突然，他想到嫦娥一个人关在月宫里，肯定会寂寞悲伤，要是有人陪伴她就好了。

兔仙回到家中，把嫦娥的遭遇告诉雌兔，

提出想送一个孩子去月亮上和嫦娥做伴的想法。雌兔虽然很同情嫦娥,但实在舍不得和自己的宝贝女儿分开。几个女儿也不想离开父母,都哭了起来。雄兔语重心长地说:"如果是我被关起来,一个人孤孤单单的,你们愿意陪我吗?嫦娥的遭遇多么令人同情啊!孩子们,我们可以做些事情来帮助她啊!"

几只小兔子都明白了父亲的心,纷纷表示愿意去。雄兔和雌兔眼里含着泪,决定让最小的女儿去。

于是小兔子告别父母和姐姐们,来到月宫陪伴嫦娥捣药了!

实验室

月球形状是如何变化的呢？

在漆黑的夜晚，我们会发现月球的样子每天都在变化。有时是圆圆的满月，有时是一半的玄月，有时是弯弯的月牙。可是实际上，月球本身的大小、形状一直没有变，仅仅是被太阳光照到的部分发生了变化。现在让我们一起来看一下月球的形状是如何变化的吧。

请准备下列物品：

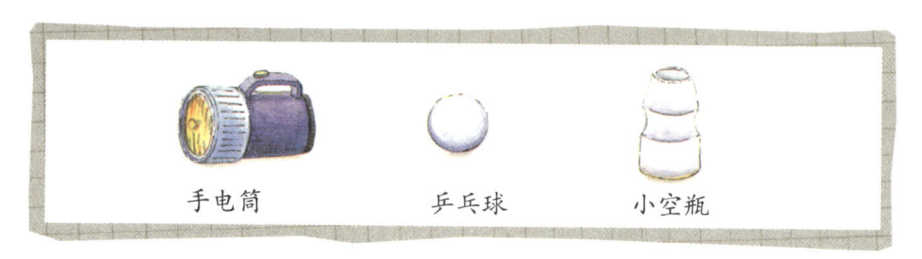

手电筒　　　乒乓球　　　小空瓶

一起来动手：

1. 把乒乓球放在小空瓶的上面。待房间光线变暗后，打开手电筒。

2. 拿着手电筒从乒乓球的侧面把乒乓球照亮，仔细观察乒乓球亮的地方和暗的地方。

3. 拿着手电筒从乒乓球的前面把乒乓球照亮，仔细观察乒乓球亮的地方和暗的地方。

4. 拿着手电筒从乒乓球的后面把乒乓球照亮，再仔细观察乒乓球亮的地方和暗的地方。

1. 把乒乓球放在小空瓶的上面。待房间光线变暗后，打开手电筒。

2. 拿着手电筒从乒乓球的侧面把乒乓球照亮，仔细观察乒乓球亮的地方和暗的地方。

3. 拿着手电筒从乒乓球的前面把乒乓球照亮，仔细观察乒乓球亮的地方和暗的地方。

4. 拿着手电筒从乒乓球的后面把乒乓球照亮，再仔细观察乒乓球亮的地方和暗的地方。

实验结果：

　　拿手电筒从前面照亮乒乓球的话，乒乓球发光明亮。拿手电筒从侧面照向乒乓球的话，乒乓球有一半是暗的。拿手电筒从后面照向乒乓球，前面是暗的，并且微弱的光从乒乓球两边穿过。

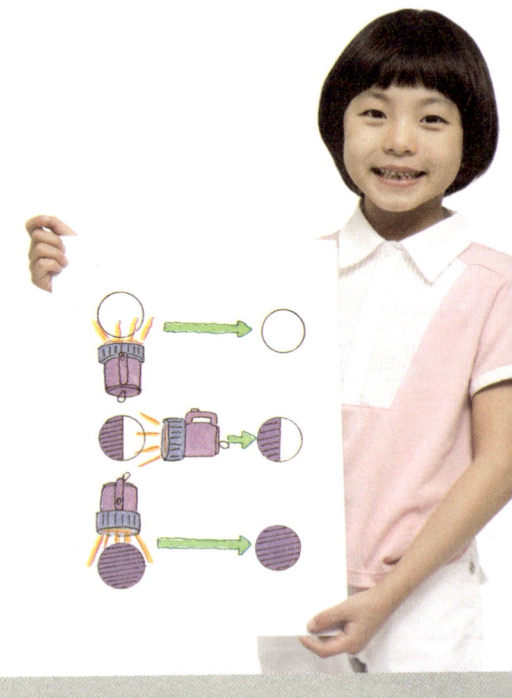

为什么会这样？

　　月球本身是不发光的星球，因为反射了太阳照过来的光才会发亮。如果没有接收到太阳直射来的光，月球是不会亮的。月球一直不停地旋转，太阳光会从月球的前面、侧面和后面照射过来，我们看到的月球的形状就会发生变化啦！

蒲福 讲
自然灾害

弗朗西斯·蒲福

（1774—1857）

蒲福出生于爱尔兰。他根据烟雾以及树木的摆动程度的不同，对风进行了等级分类。

风力等级分类出现后，人们就可以正确地了解风的大小了。后来，随着风速等级的出现，人们也可以正确地描述风

弗朗西斯·蒲福

的速度，但蒲福的风力等级依然沿用至今。

有时候，我们会被大风的呼啸声吓一大跳，看到江河洪水肆虐，卷走房屋汽车等，我们也会感到非常害怕。

在台风、洪水、海啸、火山爆发等自然灾害面前，我们感受到了大自然的无情和强大，也会感觉到我们人类是那么无助和渺小。

然而我们一直都在为克服自然灾害而不断努力着。

蒲福创立了风力等级分类，这就让我们可以提前知道风的大小，能够预测大风可能带来的损害程度，然后安排我们的工作和生活。

让我们一起来听蒲福讲述自然灾害的故事吧。

小朋友们，很高兴和大家见面。我是蒲福。

从现在开始，我来给大家讲一下自然灾害的故事。

大自然虽然给我们创造了一道道美丽的风景，并且给我们提供了好多好多宝贵的资源，但有的时候也会给我们带来巨大的灾害。

大自然拥有无比强大的力量，所以，由自然现象引起的自然灾害会给我们的生活带来巨大的损失。

149

如果风刮得非常厉害，那么它就会产生巨大的力量。这样的风就叫做台风。

台风产生于热带海面。炎热的海洋表面吸收了很多的太阳能，产生了很多水蒸气。这时候，海面上的风吹来，水蒸气就会旋转，形成小的漩涡。

这就是台风形成的过程。

台风的中心位置风力很小，没有云，可以看见晴朗的天空。

台风的产生

台风通常产生在热带海面上。海洋表面的温度至少要达到27摄氏度才会产生台风。

飓风、气旋和台风类似，但是它们发生的位置不同，所以人们取了不同的名字来区分它们。

北方温度低，台风形成以后就向北方移动。这时，经过的地方会刮起很强的风，然后下大雨。

　　台风会给经过的地方带来很大的损失。建筑物、道路、车辆等都被淹没，树被狂风连根拔起。有的牲畜会被水冲走，庄稼也会被淹没。很多的人和动物甚至会失去生命。

知识加油站

给台风取名字

有时候会同时出现两个台风。所以为了区别它们，人们就给台风取了名字，比如燕子、百合等。

台风委员会共有14个国家，每个国家提供10个名字，这样就产生了140个名字。每次有台风人们都选择其中一个名字，等这些名字都用完了就从头再用一遍。

台风不仅会带来破坏和危害，也能给我们带来好处。

它可以把热带地区的热量带到其他地区。

台风卷起的风浪还能把很多地方的海水混合。

这样海里的营养物质就可以平均分配，海水的含氧量也会上升。

台风可以促进空气循环，让被污染的空气快速扩散。

假如台风经过了一个干旱的国家，刮起狂风，下起暴雨，那么这个国家的旱情就得到了有效缓解，植物们就得救啦。

这样看来，台风虽然是一种自然灾害，给某个地区带来了强风和暴雨，但从地球整体来看，它有益于能量均衡。

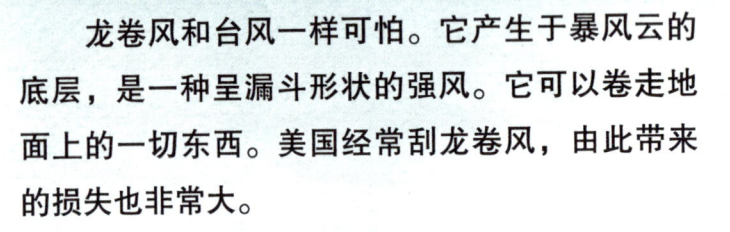

龙卷风和台风一样可怕。它产生于暴风云的底层，是一种呈漏斗形状的强风。它可以卷走地面上的一切东西。美国经常刮龙卷风，由此带来的损失也非常大。

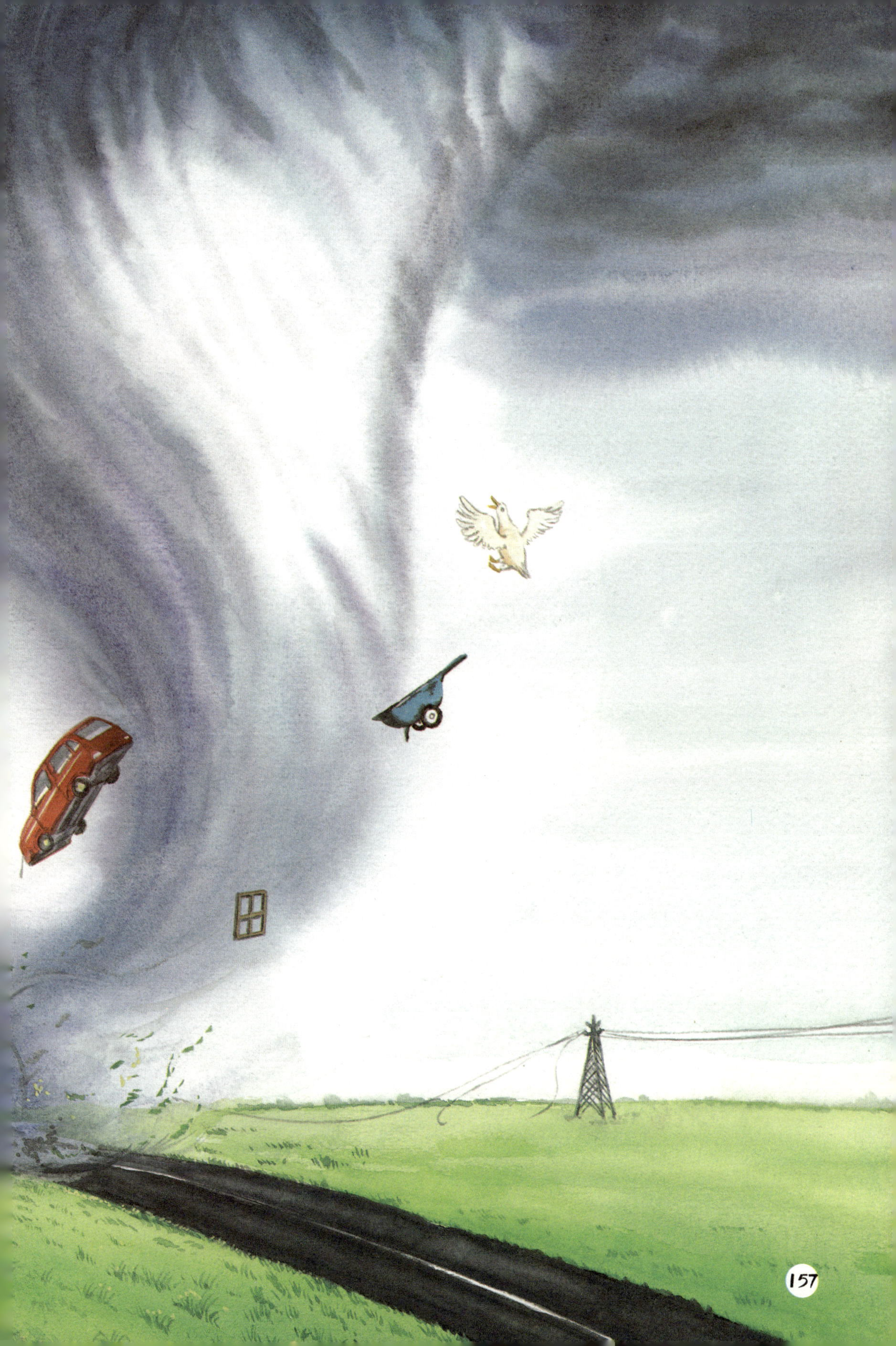

还记得我们刚刚讲过，台风会带来降水吧？有时候降水太多了也是个麻烦啊。一次性降水过多会引发洪水。

各个地区发洪水的原因都不一样，比如，台风和梅雨都会引发洪水。

梅雨就是夏季连续下好几个月雨的一种气候现象。

此外，热带地区的雨季也会暴发洪水。因为热带地区的雨季，雨会一直不停地下，持续很长很长时间，雨水越积越多，就造成了洪水。

知识加油站

要小心传染病

发洪水之后,垃圾场、洗手间等地方长出的细菌就会在水中传播。在水中聚集的时间越来越长,各种细菌、蚊虫就会滋生。所以洪水过后一定要注意好好消毒,饮食也要多加小心。

洪水可以淹没房屋和道路，冲走庄稼和农作物。

如果是江河发起洪水，那么造成的危害会更大。

人和家畜会被洪水夺去生命。

中国在每年七八月的雨季时候，都会遭受洪水的袭击。

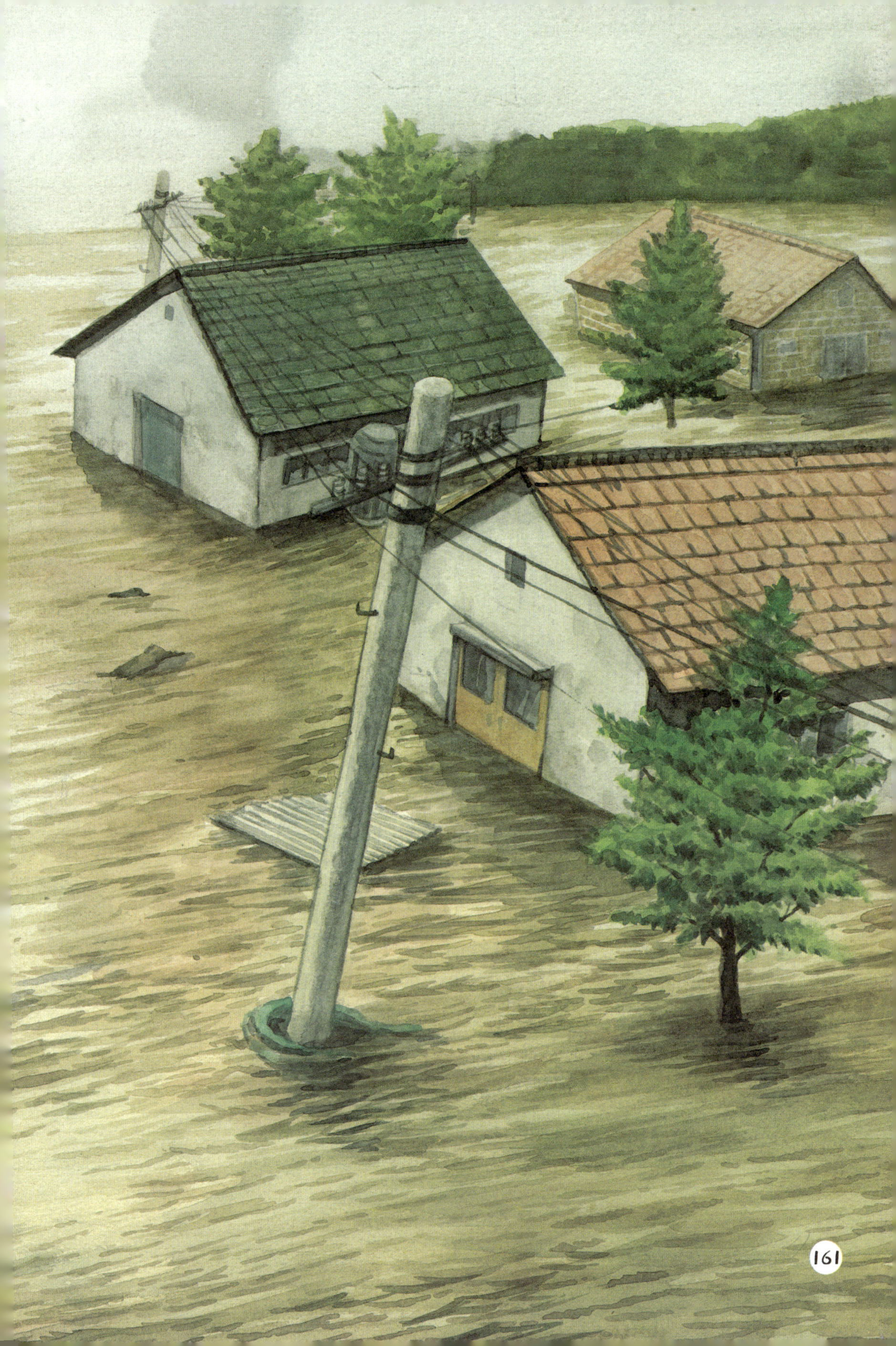

古代埃及人对洪水的态度就很不一样，他们非常欢迎洪水。等洪水退去后，洪水中的泥土沉积下来，形成了肥沃的土地。所以说，洪水会给尼罗河带来肥沃的土壤。

在东南亚，长长的湄公河每到洪水季节都会泛滥，但洪水过后地面上会堆积厚厚的营养成分。

> 感谢尼罗河女神！今年又是一个丰收年！

163

在海边，有时候会有大浪拍向陆地。如果海浪特别大，大得好像要让整个大海翻滚，就会形成海啸。

海啸是由暴风或者海底地震引起的。海底如果发生地震，海水的高度就会和平常不一样，高出的海水涌向海岸边，就会形成海啸。

知识加油站

地震引发的海啸叫做斯纳密

地震引发的海啸还有一个日本名字，叫做"斯纳密"。日本是一个地震多发国家，所以由地震引发的海啸也经常出现。

斯纳密就是指由于地震而引发的大规模的海啸现象。

拍向岩石的海浪
刮暴风的时候，海面就会掀起大浪，有时候会引发海啸。

巨大的海啸袭来时，海浪会非常大。海啸的持续时间短到几个小时，最久能长达数十个小时。

发生海啸之前，海边的船舶都需要转移到远离海岸的地方，建筑物也要进行加固。

海啸的前进速度非常快，所以，一旦接到海啸预警就要快速撤退。但是，由海底地震引发的海啸不容易被人们预测到，所以引发的灾难也非常大。

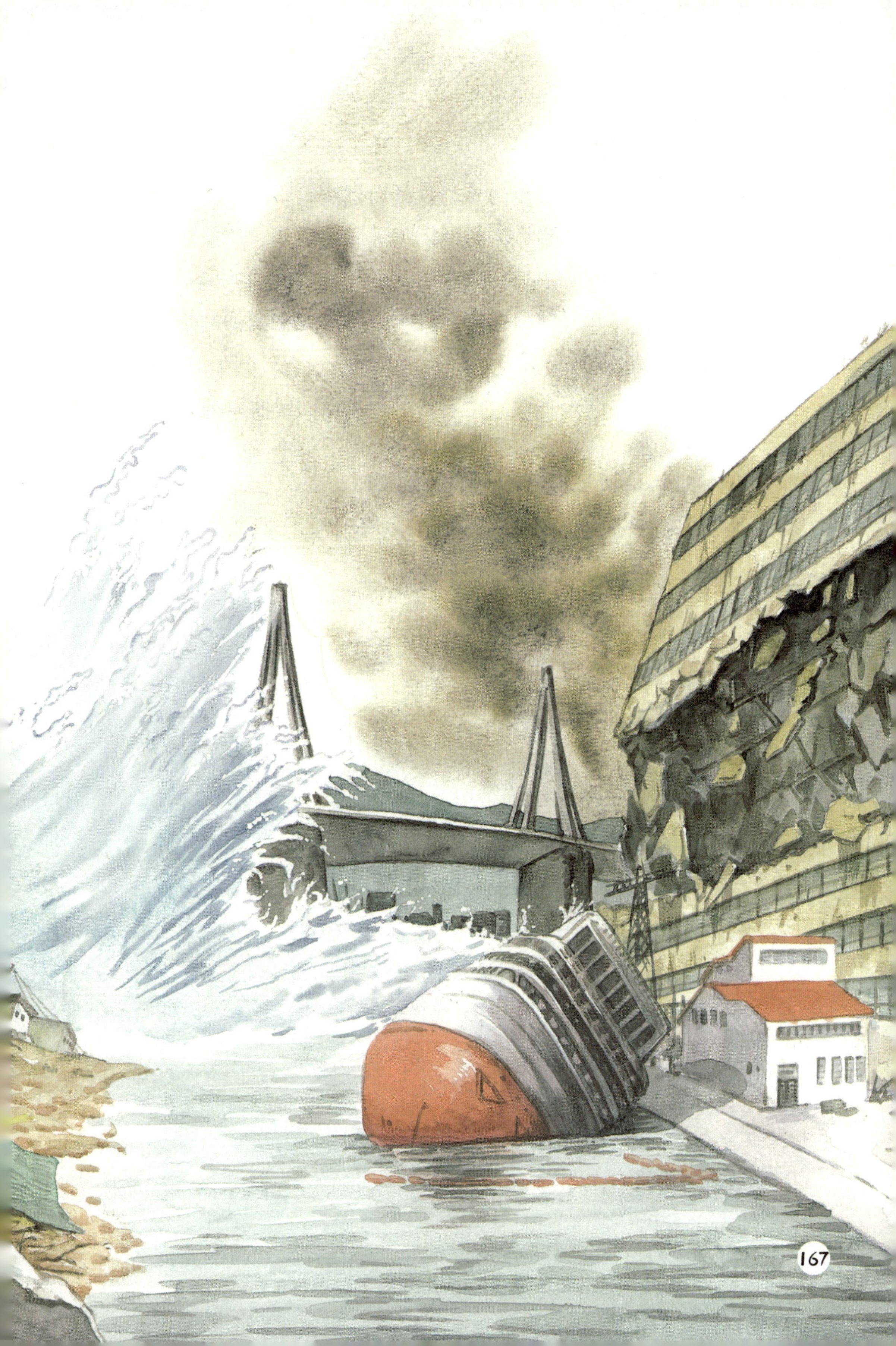

洪水和海啸都是水过多引发的自然灾害。降雨不足同样可以引发严重的灾害。就像天气暖和的时候，手上沾的水会消失一样，土地和空气中的水分随着时间的流逝也会消失。如果很长时间没有降水，水慢慢蒸发会变得越来越少，就会发生旱灾。

中国夏天的梅雨季节，如果没有足够的降水就会引发干旱。此外，在干燥的热带地区，如果不下雨就会发生严重的干旱。

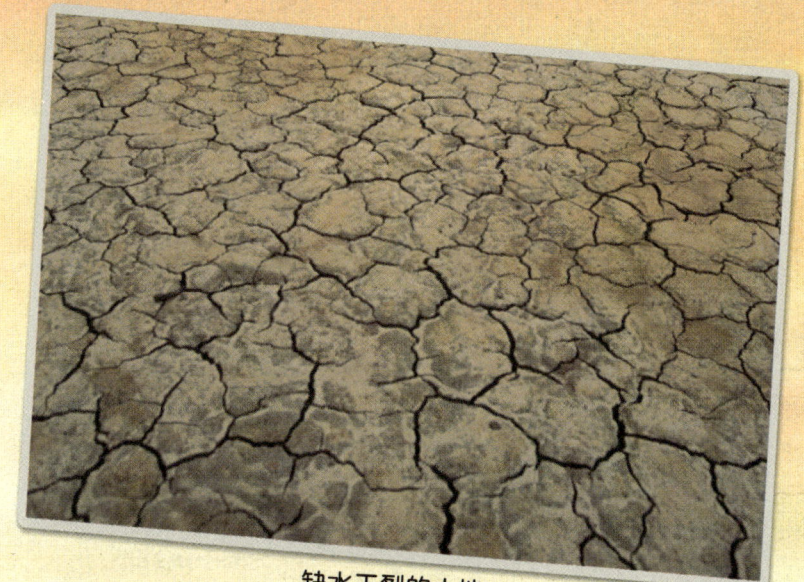

缺水干裂的土地
当降水量小于蒸发量时，就会造成干旱。土地会因为缺水而干裂。

干旱的持续时间会有变化，短的话一个季节，长的话会持续几年。

干旱发生的时候庄稼因为缺水无法生长，人们会因为缺乏粮食而遭受饥饿，由于营养不良，很多人会晕倒生病，严重的甚至会失去生命。

如果干旱持续的时间太长，土地就会荒废。

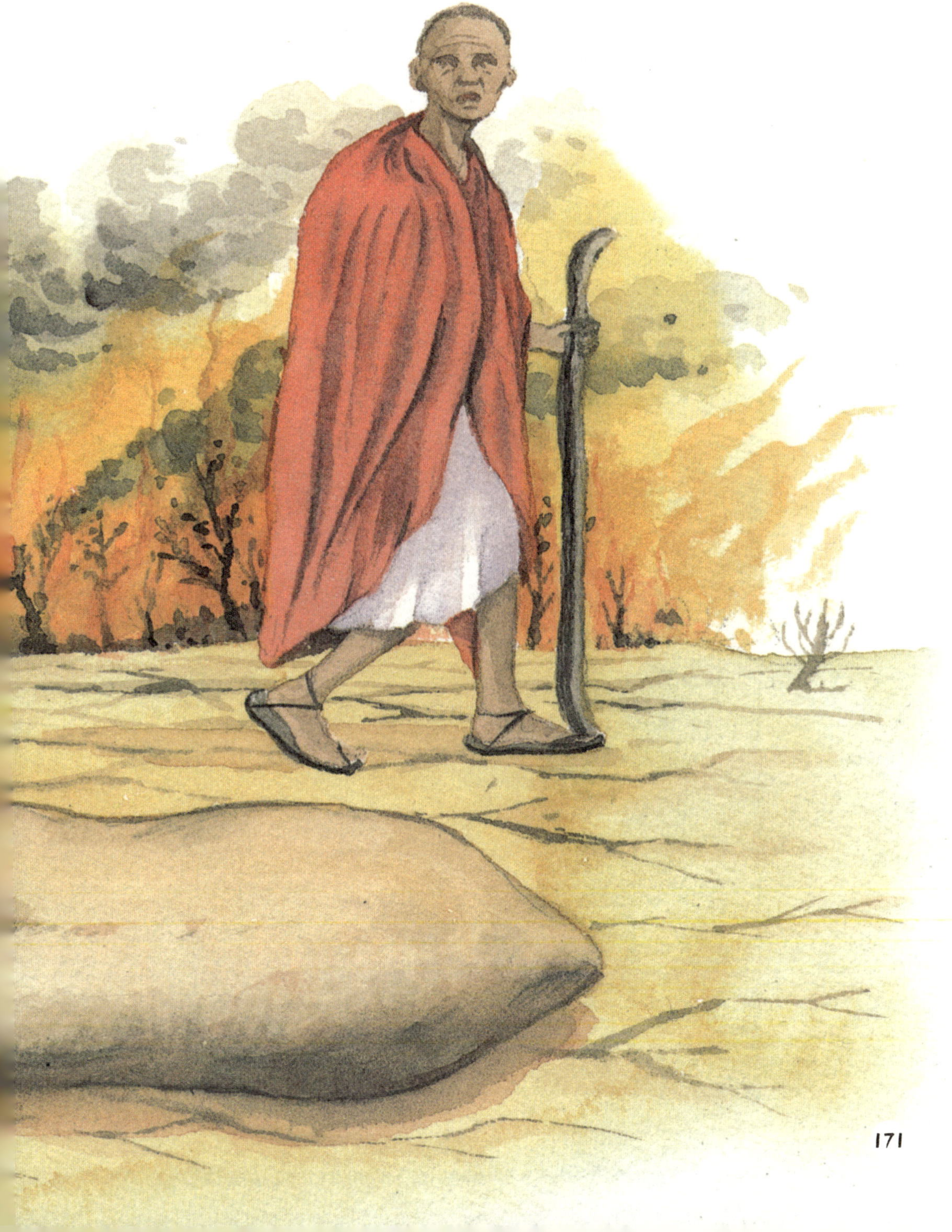

森林可以防止洪水和干旱

因为缺水，土地太干就裂开了。

爷爷，地面为什么裂开了？

最近森林植被遭到严重破坏，所以干旱也越来越频繁了。

可森林和干旱没什么关系啊？

树木可以先吸收水分，然后再一点一点地把水分释放出来。所以树木多的地方会潮湿，不会干旱。

❸

茂盛的树林可以防止干旱和洪水，所以森林是大自然的绿色堤坝。

哇，森林有这么大的作用啊！

❹

我要努力植树，建起大自然的绿色堤坝！

嗯，真是个好孩子！

❺

173

除了台风、地震、洪水和干旱，还有很多自然灾害。

火山爆发的时候，大地会剧烈震动，空气中到处弥漫着厚厚的火山灰。过于炎热的夏天和过于寒冷的冬天也都是自然灾害。另外，降雪过多还可能形成雪灾。

自然灾害在任何季节都有可能发生，在地球的任何地方都有可能发生。

也许现在，地球的某个地方正在发生着自然灾害呢。

175

自然灾害的破坏力非常强,所以我们要努力战胜自然灾害,把损失降低到最小。

在山上多植树,可以防止山体滑坡,因为树根会牢牢抓住山上的土壤,不让它们从山下滑下去。在江河里建造堤坝可以防止洪涝和干旱。在海里建造防波堤能够减小海啸带来的灾害。

还有,我们还可以给遭受灾害的人提供最温暖的帮助,比如给他们捐钱、捐衣物等。

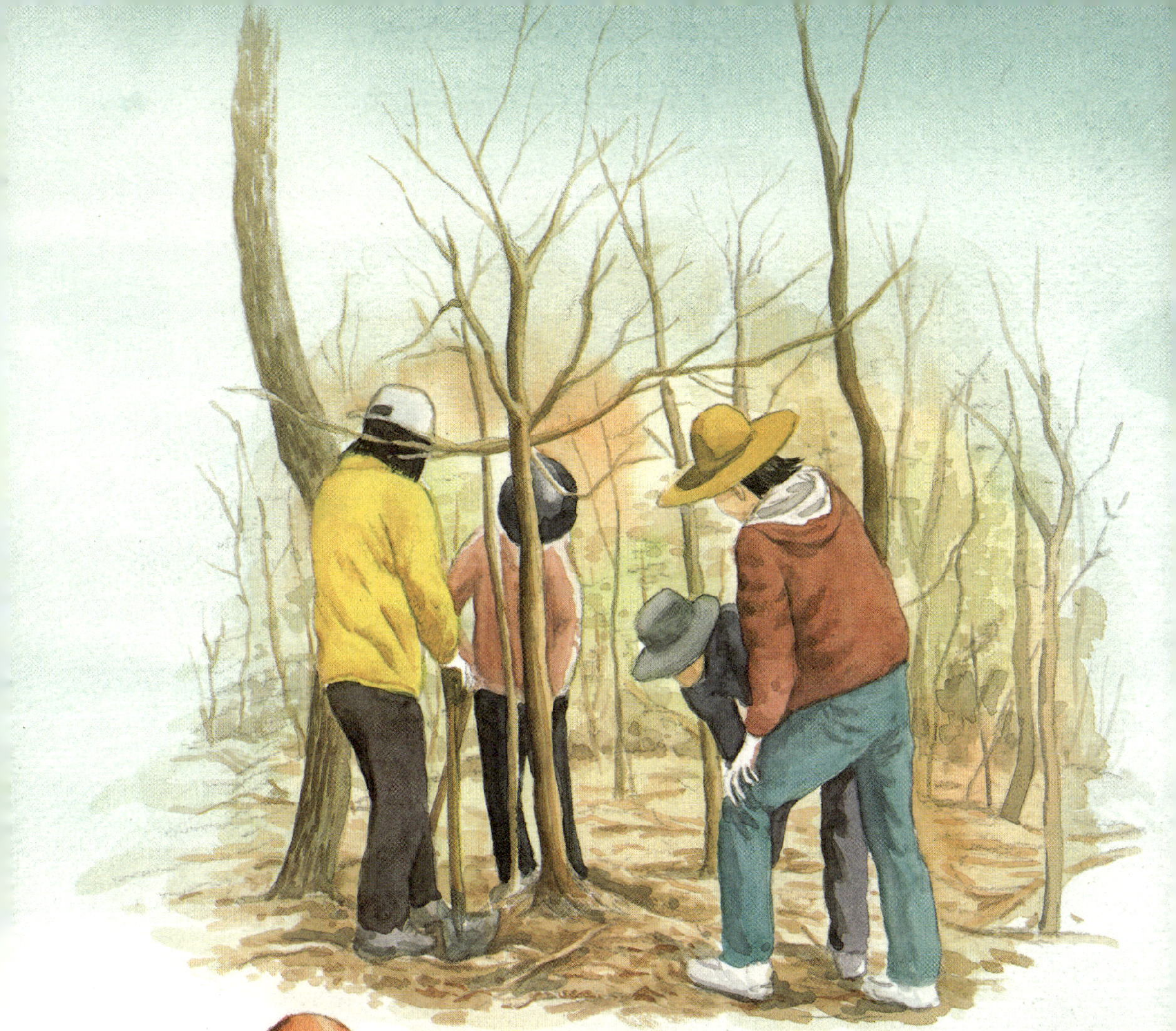
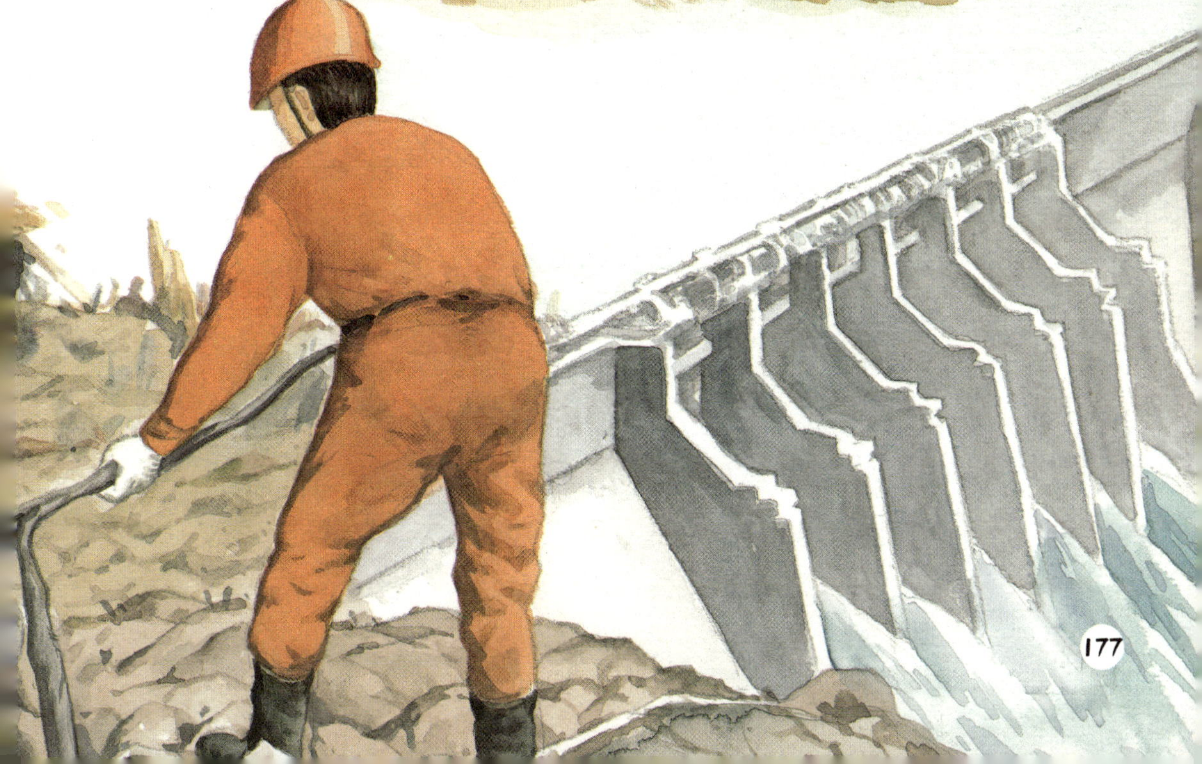

阅读课

祖先们应对自然灾害

古时候也经常会发生自然灾害，那时候科学技术可不像现在这么发达，所以自然灾害会给人们带来很大的损失。但是，勤劳勇敢的中华民族在面对可怕的自然灾害时，一点也不怕，他们充分发挥自己的聪明才智，在防治自然灾害方面有许多成就和贡献。

大禹治水

传说在中国远古时期，黄河流域经常发大水。为了不再让洪水泛滥，保护好农业生产，舜帝继位以后，任用禹来治水。

禹治水的方法是"疏顺导滞"，就是利用水从高向低流的自然趋势，顺着地形把淤塞的水流疏通，把洪水引入疏通的河道、低洼地或湖泊，最后河流汇集流入海洋，从而彻底解决了水患，使当地百姓可以从高地搬回到平原居住，从事农业生产。

相传，禹还发明了原始测量工具——准绳和规矩，并且带着这两样工具，走遍了黄河上下，并用神斧劈开龙门，凿通了积石山和青铜峡，使河水畅通无阻。在他外出治水的十三年中，三次路过家门都没有进去，连自己刚出生的孩子都没时间去照顾。他是中国历史上第一位成功地治理黄河水患的治水英雄。

都江堰

都江堰位于中国四川省都江堰市城西，是中国古代建设并使用至今的大型水利工程，被誉为"世界水利文化的鼻祖"。都江堰水利工程是由秦国蜀郡太守李冰父子率众于公元前256年左右修建的，是全世界迄今为止，年代最久、唯一留存、以无坝引水为特征的宏大水利工程。

秦昭王后期李冰任蜀郡守期间(约公元前276—前251年)，在深入调查研究、总结前人治水经验的基础上，精心选择在成都平原顶点的岷江上游干流出山口处作为工程地点，团结和组织西蜀各族人民，经过艰苦奋斗，终于在公元前256年前后建成都江堰。都江堰至今仍然发挥着巨大的作用，它也成了四川著名的旅游胜地呢。

发大水了

我们世代流传的传说中，有许多关于洪水的故事。

古时候，许多人都因为洪水蒙受了巨大的损失，受到巨大的伤害。时间久了，许多故事通过人们口口相传，一代一代地流传下来。

洪水是惩罚

美索不达米亚是古代文明的发祥地之一，这里曾经流传着一个关于洪水的故事。

发洪水之前，人们的生活很安逸，但是也会有很多不公平的现象，所以神灵就要给这些坏人们一些惩罚。

有一个神同情人类，不忍心看到人类受难，于是来到一个国王的梦里，告诉他就要发洪水了。

国王就造了一只大船，躲避灾难。洪水持续了七天七夜，国王和他的船只都幸存下来。

预报洪水

希腊神话中也有关于洪水的传说。

众神之王宙斯看到世人的罪恶，想要灭绝人类。他向大地降下暴雨，泛滥的洪水淹没了人们的庄稼和房屋。大地变成了一片汪洋。

有个叫普罗米修斯的神将宙斯要惩罚人类的消息告诉了德卡里翁夫妇，于是他们造了一条大船，成功躲过了洪水。

学习在灾难中自救和救人

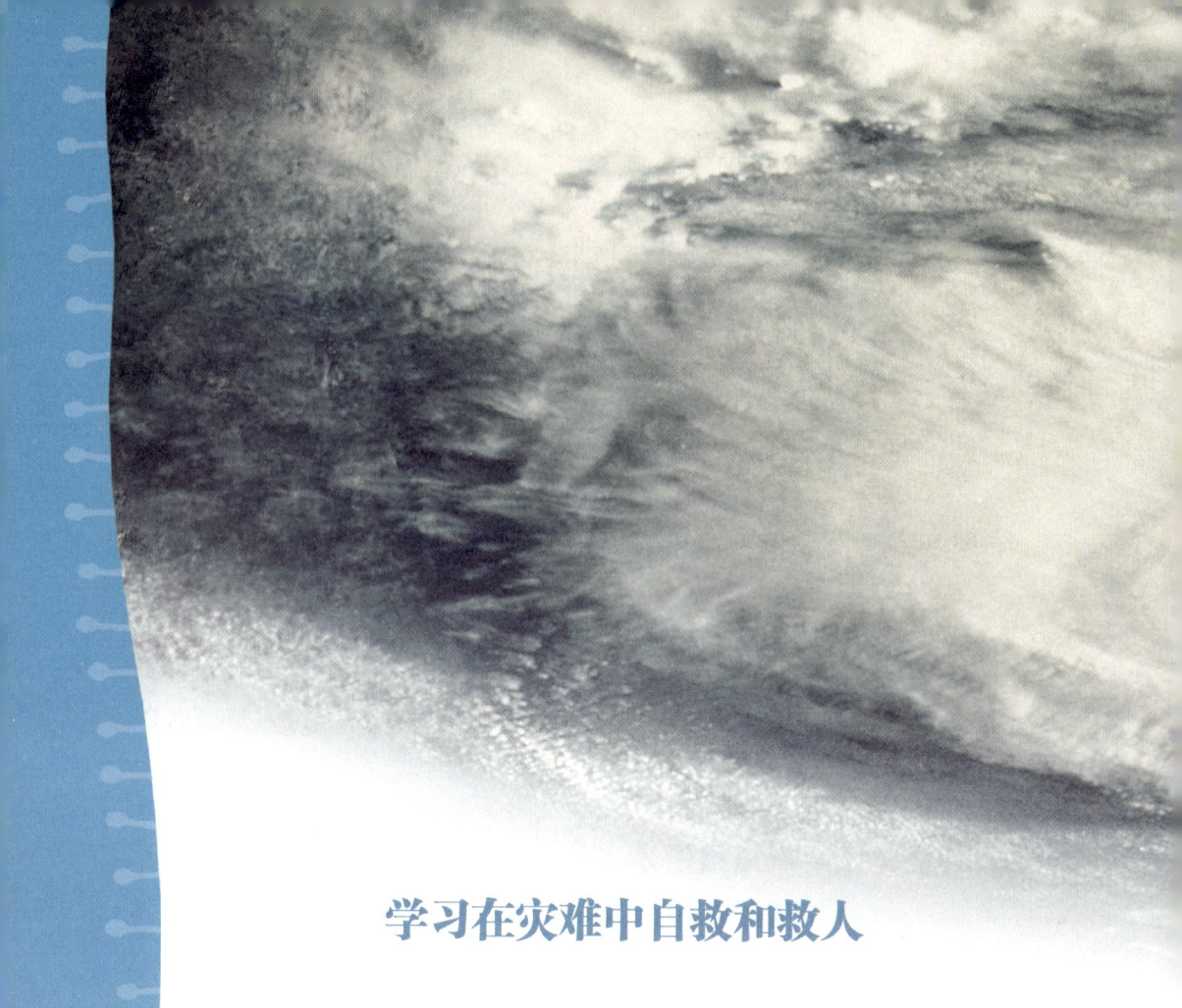

地震

当地震发生时，小朋友们不要惊慌，首先要保持冷静。多数安全专家认为，地震时最好的避险方法不是逃跑，而是在近处找个安全的地方躲避，等强震过后迅速转移到安全的地方。

如果地震发生时你在家中，该怎么办呢？

1. 赶快跑到厕所、浴室等空间狭小的地方躲起来。

2. 如果你来不及跑，就近蹲在坚固的桌子或床边，注意保护好头部；如果附近没有桌子，可以用双臂保护头部、脸部，蹲在房间的角落。

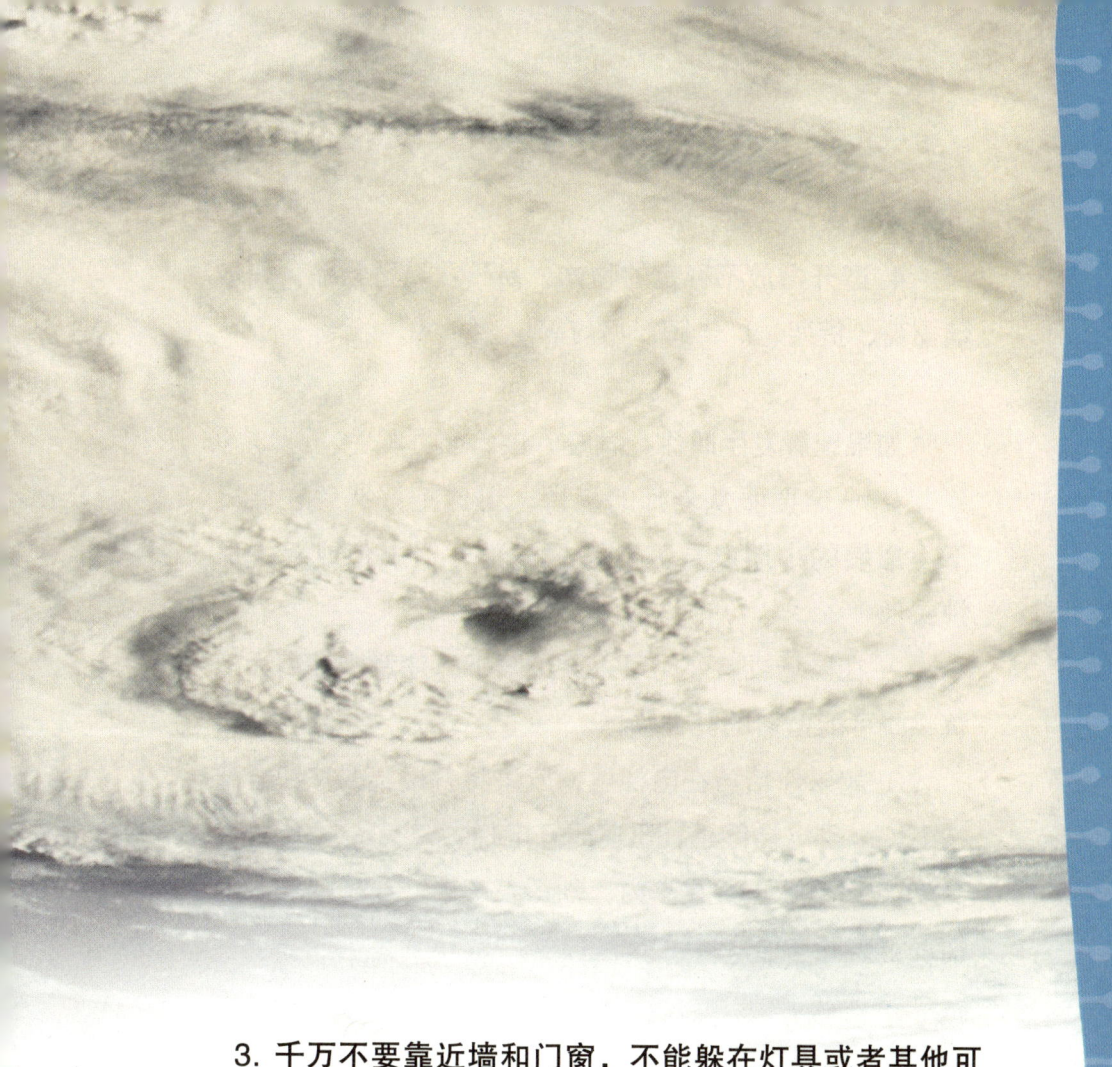

3. 千万不要靠近墙和门窗，不能躲在灯具或者其他可能坠落的物品下面。

4. 千万不能用电梯逃生。

如果地震发生时你在公共场所，该怎么办呢？

1. 小朋友们一定听从大人的指挥，不要盲目慌张地随众人跑向出口，要避开人流，注意不要被挤到墙壁或栅栏处。

2. 若是在剧院、体育馆等地方，可在原地蹲下或趴在座椅下，避开吊灯、电扇等悬挂着的物体。

3. 在商场、书店、展览馆、地铁等地方，在原地蹲下，注意保护头部。

4. 避开摆放不稳定的物体、易碎及易坠物品，如玻璃橱窗、货架、广告牌、吊灯等。

如果地震发生时你在学校，该怎么办呢？

1. 一定要服从老师的指挥，迅速抱好头躲在课桌下，靠墙的小朋友要紧靠墙根蹲下，用书包或双手保护头部。

2. 在操场或室外时可以原地蹲下，注意避开高大建筑物或可能坠落的其他物体。

3. 如果你恰巧在电梯里，应该将各楼层的按钮全部按下，一旦电梯停止，迅速离开电梯。

4. 如果你正好在车内，别留在车内，在确保安全的情况下离开车厢。

洪水

1. 听从家长或学校的组织与安排，做必要的防洪准备。

2. 来不及撤退的时候，要利用沙袋、石堆这些不怕洪水冲走的材料堵住门口的缝隙，减少流进来的水量。

3. 当洪水来临的时候，一定要听从大人的安排，千万不可随意下水游动。

4. 如果被水冲走或落入水中，首先要保持镇定，尽量抓住水中的木板、箱子、衣柜等物体漂浮在水中。如果离岸较远，周围又没有其他人或船舶，就不要盲目游动，否则没有力气的时候会发生危险。

5. 要学会发出求救信号，如晃动衣服或树枝，大声喊救命等。

小书桌

当心自然灾害

每年都有很多人因为自然灾害承受着巨大的痛苦。不管我们地球上的哪个角落发生了自然灾害，我们都应该团结一心，共同面对。

自然的强大力量

自然灾害是一种自然现象，由它引起的灾难也叫做天灾。

有许多自然灾害是由于天气原因引发的，比如台风、洪水、海啸。也有一些灾害，比如地震，是由于板块移动等原因引发的灾难。蝗虫灾也属于自然灾害的范畴。

地球上还有一些自然灾害，我们不知道它们发生的原因。所以，自然灾害让人们感到恐惧。

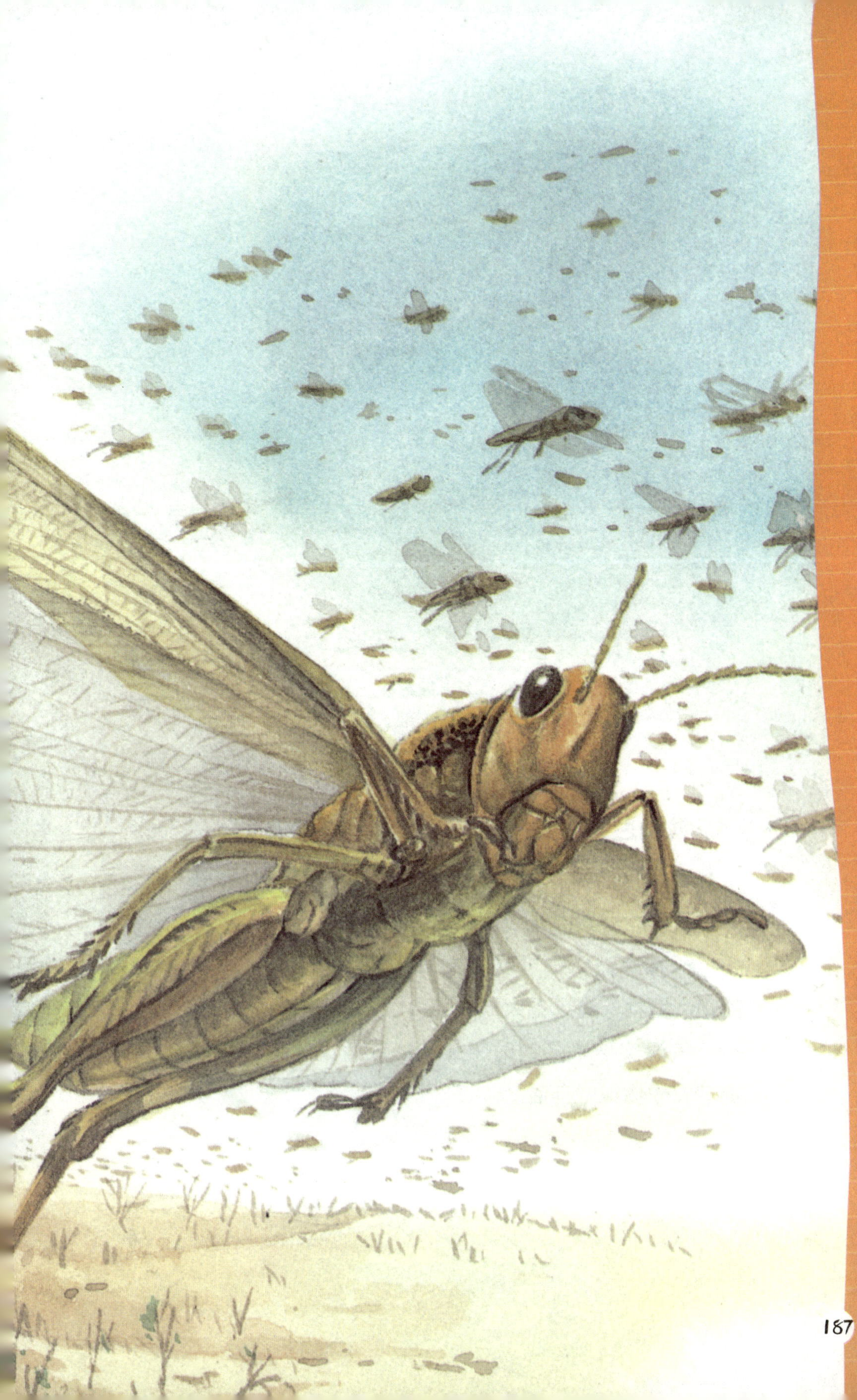

短时间内大量降雨，泥土变得疏松，非常容易被雨水冲走，造成山体滑坡和泥石流。

损失巨大

台风可能引发大雨和洪水，地震可能引发海啸，突降暴雨可能引发山体滑坡和泥石流。

一种自然灾害可以引发另一种自然灾害，给人类、动物、植物等造成重大损失。

气温突然下降的时候会结冰或者下冰雹，在这种情况下农作物很难存活。

降低灾害带来的损失

我们可以建造蓄水池或者大坝来应对洪水。蓄水池或者大坝在发洪水的时候会储存水，在干旱的时候可以把水放出来。

我们还可以在山上植树造林来预防自然灾害。

在建造城市的时候，要仔细考察这个地区是不是容易排水，周围的山地状态是不是容易发生滑坡或者泥石流。

此外，快速、准确地预报自然灾害也可以有效降低灾害带来的损失。

山上的树木可以在下大雪的时候起到固定积雪的作用，防止山上发生雪崩。

实验室

植物如何阻止自然灾害呢？

倾盆大雨会冲刷山上的泥土，引发泥石流。但是，如果山上有树木或者其他植物，就不会那么容易发生泥石流了。

让我们通过实验，一起来看看植物是怎么阻止泥石流的吧。

请准备下列物品：

种有植物的花盆和空花盆　泥土　沙子　水　喷壶

一起来动手：

1. 在空花盆里放上泥土和沙子，用手压平。

2. 在喷壶里装满水，把第一步里装好的花盆倾斜着，往里浇水。

3. 再在装有植物的花盆里，用相同的方法浇水。

4. 将两个花盆随水流出的泥沙量做个比较吧。

1. 在空花盆里放上泥土和沙子，用手压平。

2. 在喷壶里装满水，把第一步里装好的花盆倾斜着，往里浇水。

3. 再在装有植物的花盆里，用相同的方法浇水。

4. 将两个花盆随水流出的泥沙量做个比较吧。

实验结果：

往装满泥土和沙子的花盆里浇水，泥沙很容易就流出来了。

往装有植物的花盆里浇水，并没有多少泥沙随着水流出来。

为什么会这样？

植物的根会紧紧抓住土壤。如果山上没有树木或者其他植物，就会像第一个花盆那样，泥土随着雨水流下去。但是如果山上种了很多植物的话，就会像第二个花盆那样，有根牢牢地抓着泥土，泥土就不会轻易流下来。

魏格纳 讲

火山

阿尔弗雷德·魏格纳

阿尔弗雷德·魏格纳

(1880—1930)

　　魏格纳出生于德国柏林，他最早提出了大陆漂移学说。

　　大陆漂移学说认为，在很久以前，地球上的大陆是一块巨大的陆地，后来这块大陆分裂开来，许多大陆板块在海上慢慢漂移，逐渐到达了现在的位置。

魏格纳的这个学说对我们今天解释火山和地震有很大帮助。

小朋友们，你们有没有仔细地观察过世界地图？有没有发现有些大陆虽然离得很远，但是它们的边缘却长得很像？这些大陆的边缘为什么那么像呢？

魏格纳老师就可以回答这个问题。他解开了这个谜团，并且提出了大陆漂移学说。

那么板块是什么呢？板块和火山又有什么关系呢？

想知道这些问题的答案，就和魏格纳老师一起来探索火山的奥秘吧！

米卡一大早就来拜访魏格纳老师了。

她到老师家时，魏格纳老师正拿着一个苹果看地图呢。

"魏格纳老师好！"

"哦，米卡来啦！快请进。"

"老师，一大早您为什么一直拿着一个苹果呢？"

"米卡，你来看看，这苹果有果皮、果肉和果核，和咱们的地球构造很像啊。我们现在站的地面就相当于果皮——地球的地壳。"

果皮
果肉
果核

地壳
地幔
地核

197

"地球的表面是地壳，它是由大小不一的几块陆地组成的。"

"就像几块大小不一样的木板吗？"

"是的，这些陆地就叫大陆板块。这些板块在以我们肉眼看不见的速度慢慢地移动着。"

"板块为什么会移动呢？"

"板块底下是地幔，是这些地幔在慢慢地移动。"

199

"此外,地幔的温度可高了,连石头都能瞬间熔化。"

"哇,石头熔化的话会变成什么呢?"

"它们会变成咕嘟咕嘟冒着泡儿的岩浆,它们有可能穿透地壳,砰的一下喷出来。"

"啊?砰的一下喷出去?太可怕了!"

"是的,岩浆的温度可以达到1000度呢,所以它们带着强大的能量。岩浆喷发的地方会形成火山。"

201

"天啊，要是我们这里火山爆发了，我们该逃到哪里去呀？"米卡听到火山爆发，害怕得都发抖了。

魏格纳老师笑眯眯地说："不用担心。不是什么地方都有火山爆发的。火山爆发主要集中在板块交界的地方。"

"这是为什么呢？"

"因为在板块交界的地方，两个板块可能会发生碰撞，这时会有一个板块压在另一个板块上面。被压到下面的板块就会熔化，形成岩浆。"

板块的交界处

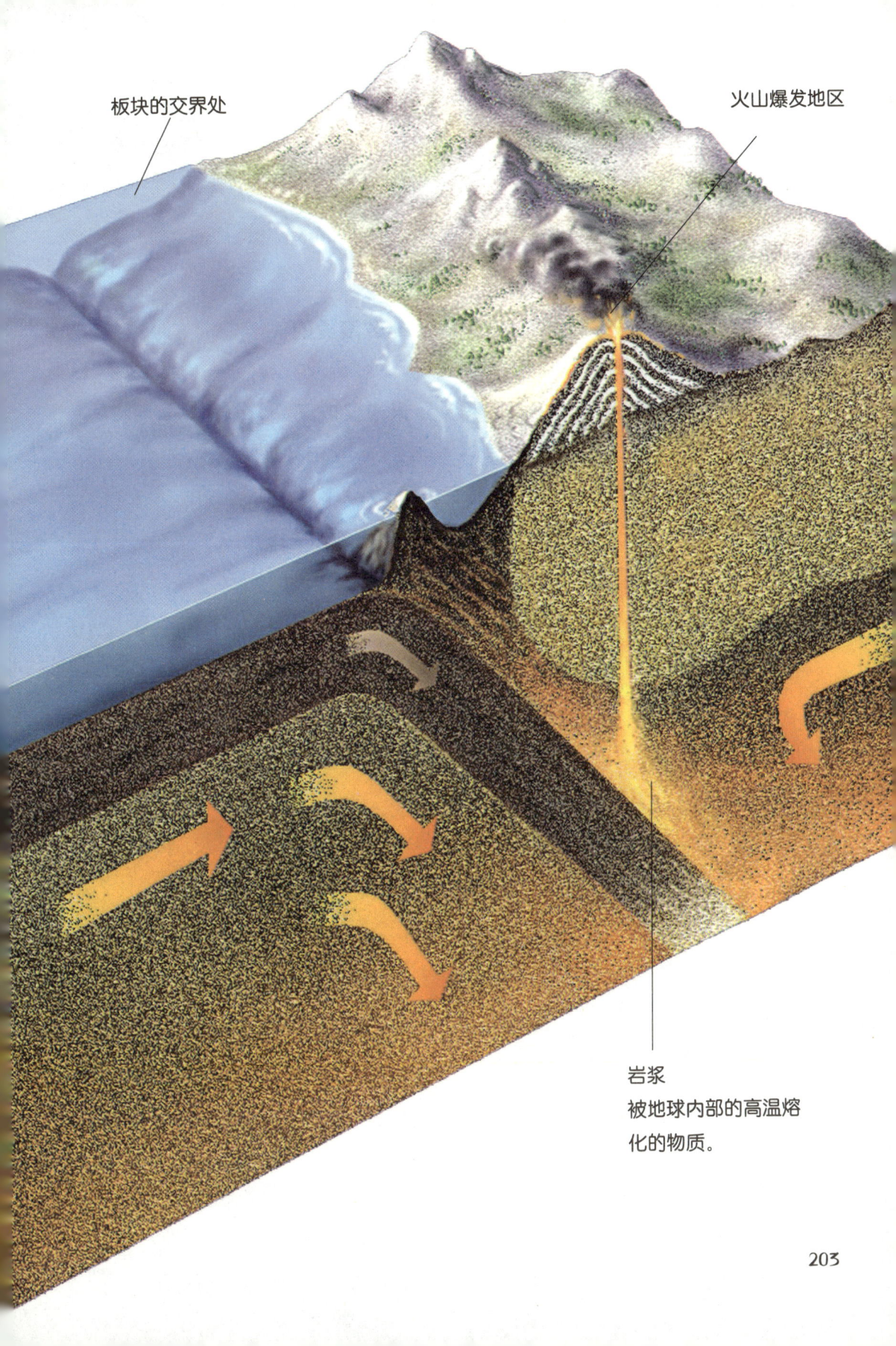

火山爆发地区

岩浆
被地球内部的高温熔化的物质。

"板块和板块之间的距离也有可能越来越远,那么这两个板块之间的岩浆就会流出来。"

"原来是这样啊!"

"如果板块的缝隙恰好在海底,那么滚烫的岩浆就会让海水沸腾。"

"海底?还有板块在海底吗?"米卡又吃了一惊。

"是啊,地壳一直延伸到海底。"

海底的烟囱

海底喷出的岩浆会让海水沸腾。岩浆中的某种成分冷却下来，并堆积在一起，形成烟囱的样子。高温的液体会从这些烟囱中喷出来。

知识加油站

火山的分类

爆发过的火山经过一段时间以后可能再次爆发,这样的火山叫做活火山。

处在休眠期的活火山叫做休眠火山,就是指在过去几百年的时间内没有喷发的火山。

如果一个火山再也不喷发了,那么就叫做死火山。

"两个板块的中间也有可能形成火山。"

"是怎么形成的呢?"

"火山的形成和极高的温度有关。这些温度很高的地方叫做热点。热点爆裂后就会形成火山。热点附近还会形成一连串的火山。热点爆裂,火山形成后,会导致板块移动,板块移动又会诱发热点爆裂,进而又形成火山。"

火山爆发形成的岛

因美丽风光而闻名于世的旅游胜地夏威夷群岛就是火山爆发形成的岛。这里聚集着许多因为热点喷发形成的火山。

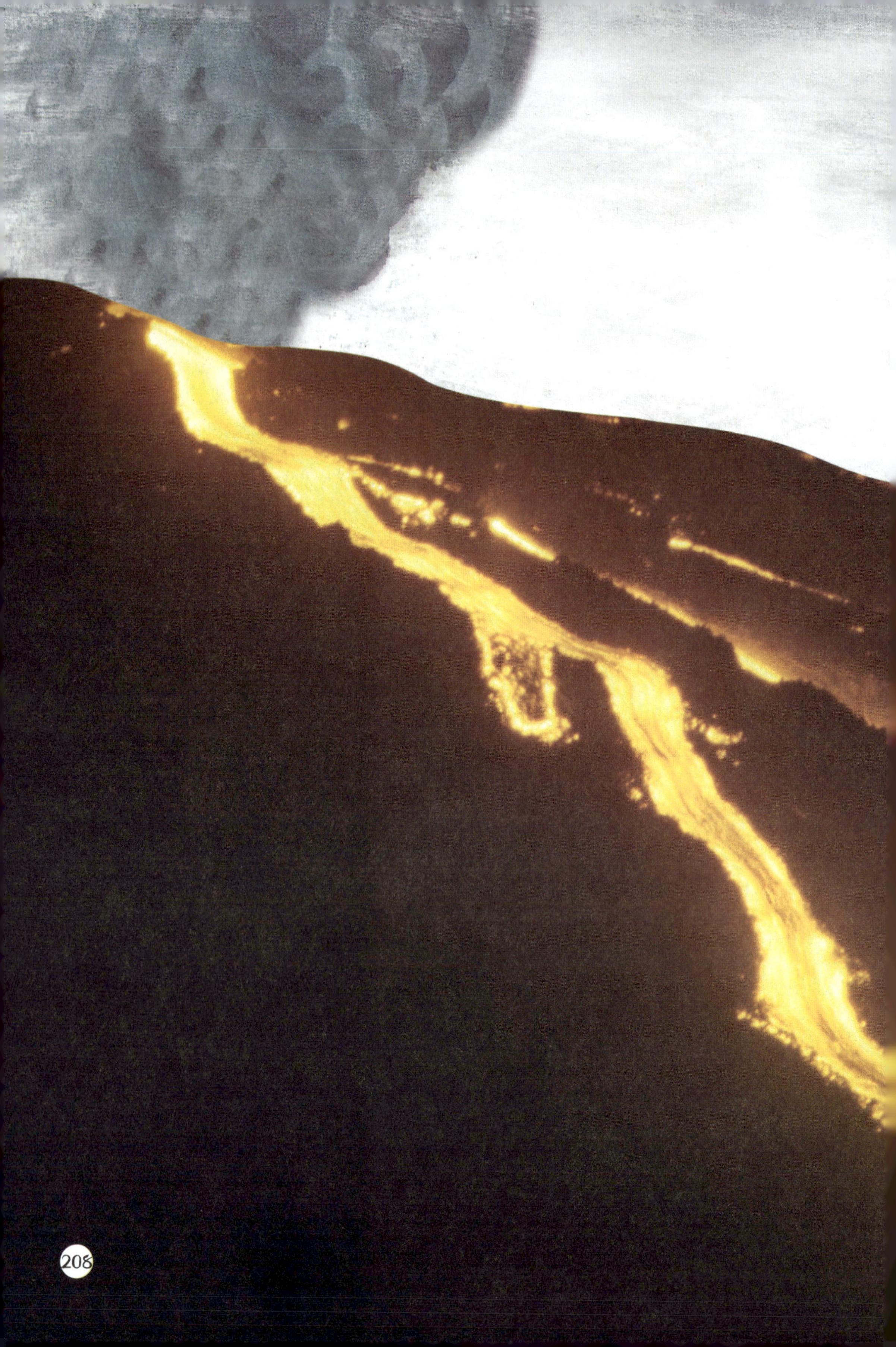

"咕嘟咕嘟……砰！"米卡模仿着火山爆发时的声音。

"并不是所有火山爆发时都发出砰的声音。岩浆和气体聚积特别多的时候才会砰的一下爆发出来，如果岩浆和气体能够通畅地排放出去，就不会发出爆炸的声音。"

"老师，岩浆最后会变成什么样子呢？"

"岩浆流出去以后，气体都散发出去，剩下的部分就叫做熔岩。高温的熔岩沿着火山慢慢流下来。"

"火山爆发的话会有熔岩流出来吗？"

"不光是熔岩呢，火山灰、火山气体等都会一起流出来。如果火山爆发的规模很大，火山的上方还会形成灰色的云团。"

听到这些话，米卡感到惊讶不已。

熔岩

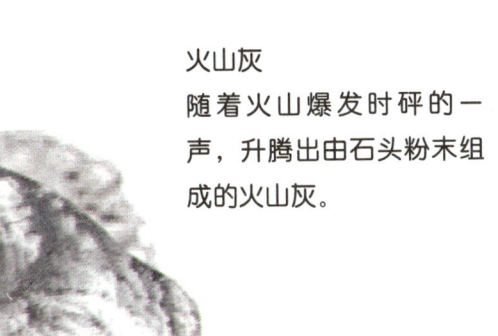

火山灰
随着火山爆发时砰的一声，升腾出由石头粉末组成的火山灰。

火山砾
火山气体散发出去的时候，很多小石块会被巨大的力量顶出去。如果被顶起的石块直径大于4厘米的话，就被称为火山砾了。

火山弹
火山喷发时抛出许多大石块，有的呈圆形，有的呈椭圆形，这些石块叫做火山弹。

看漫画 学科学

去济州岛看火山吧！

这是济州岛的标志性雕刻啊！

这是火山爆发时形成的玄武岩。

前面那座山就是熔岩冷却形成的山。

像个铜铠铛一样

❶

城山日出峰就是火山爆发后形成的。

现在山峰周围长了很多小草。

这个地方太适合踢足球了！

熔岩凝固的时候也可能变成规则的柱子。

哇,真的是柱子!

好神奇!

"火山爆发非常危险，会给周围的动植物带来巨大的损害。"

"火山可真不好！"米卡噘着小嘴说。

"火山活动也会给人类带来许多好处哦。"

"真的吗，我怎么没发现有什么好处啊？"

"由于岩浆的温度很高，火山附近的地下水会受热变成温泉。火山灰也会让附近的土壤变得更加肥沃。"

跳跃的间歇喷泉
间歇喷泉是间隔几分钟或几周就向上喷出一次的喷泉。最高的话可以喷到几十米。

215

"老师，我想看看火山爆发的样子。"

"我们米卡的胆子可真大啊！靠近火山是非常危险的。生活在火山经常爆发地区的人们，经常会因此蒙受巨大的损失。"

"哪儿会有火山呢？"

老师拿出地图来给米卡看，火山爆发的地区呈带状分布。

"哇，好神奇啊！"

板块边缘的火山带

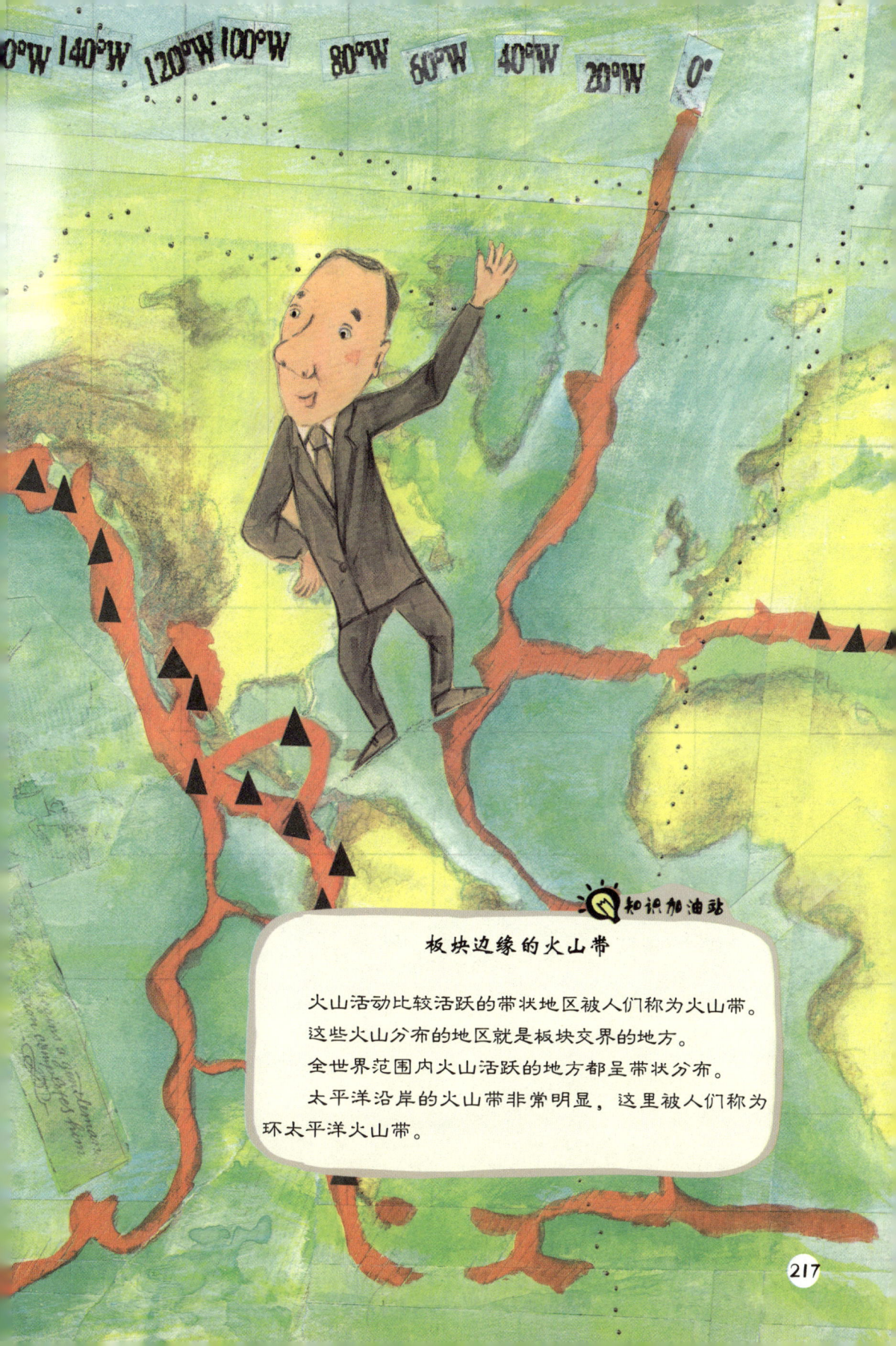

火山活动比较活跃的带状地区被人们称为火山带。
这些火山分布的地区就是板块交界的地方。
全世界范围内火山活跃的地方都呈带状分布。
太平洋沿岸的火山带非常明显，这里被人们称为环太平洋火山带。

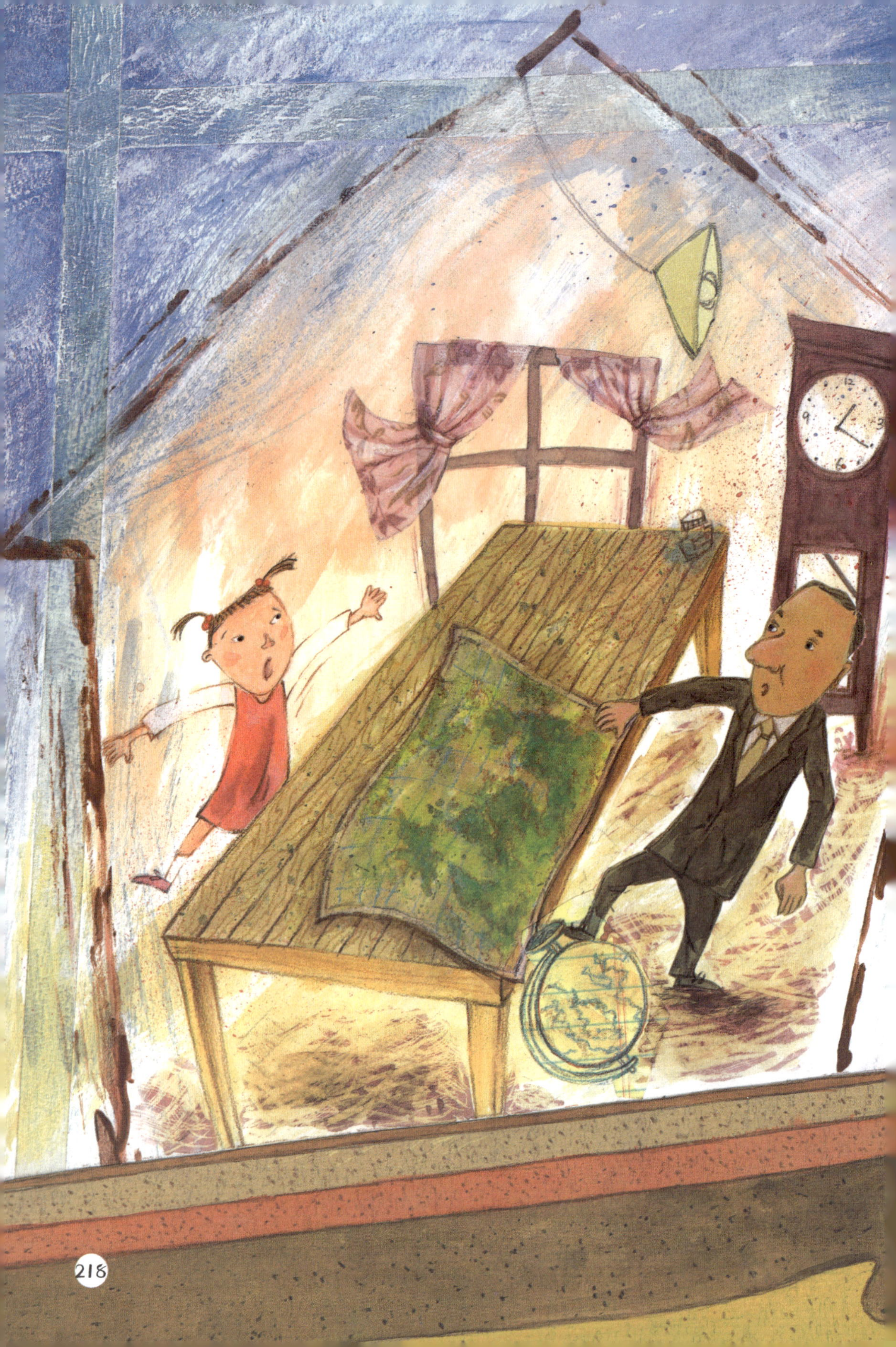

"火山喷发带和地震经常发生的地区几乎一样。"魏格纳老师继续讲道。

米卡惊讶地瞪大了眼睛:"呃,地震?"

"是啊,地震就是板块相撞或者远离时引起的地面震动。"

地层的褶皱和断裂
地壳是由许多层构成的。如果我们用手握住厚厚的塑料泡沫用力拧的话,泡沫会断裂,手也会受到冲击力。地层断裂的时候也会产生这样的冲击力。这时候就会发生地震。

地震造成危害的地方（震中）

地震冲击的传递（地震波）

地震开始的地方（震源）

"地震剧烈的话会伴有轰隆轰隆的声音，地面会剧烈晃动，建筑物会倒塌，有好多人可能会被埋在废墟下，受伤，甚至死亡。"

米卡再一次紧张得发起抖来："噢，这么可怕啊！"

"是啊，日本正好处在板块交界的地方，所以经常发生地震。地震往往会给人们的生命和财产造成极大的损失。"

"如果经常发生地震,我们该怎么办呢?"

"我们不能阻止地震的发生,只能想办法研究如何有效地预报地震。地震仪就是检测地震的机器。地面有微小的震动,它都可以检测出来。"

"哈哈,那太好了。"米卡放心地长舒了一口气。

知识加油站

地震是分等级的

地震的强度是用等级来区分的。

地震的等级就是指地震发生时，人或者周围物体所能感觉到的摇晃程度。

每个国家都会划分自己的地震等级。

中国目前使用的震级标准，是国际上通用的里氏分级表。

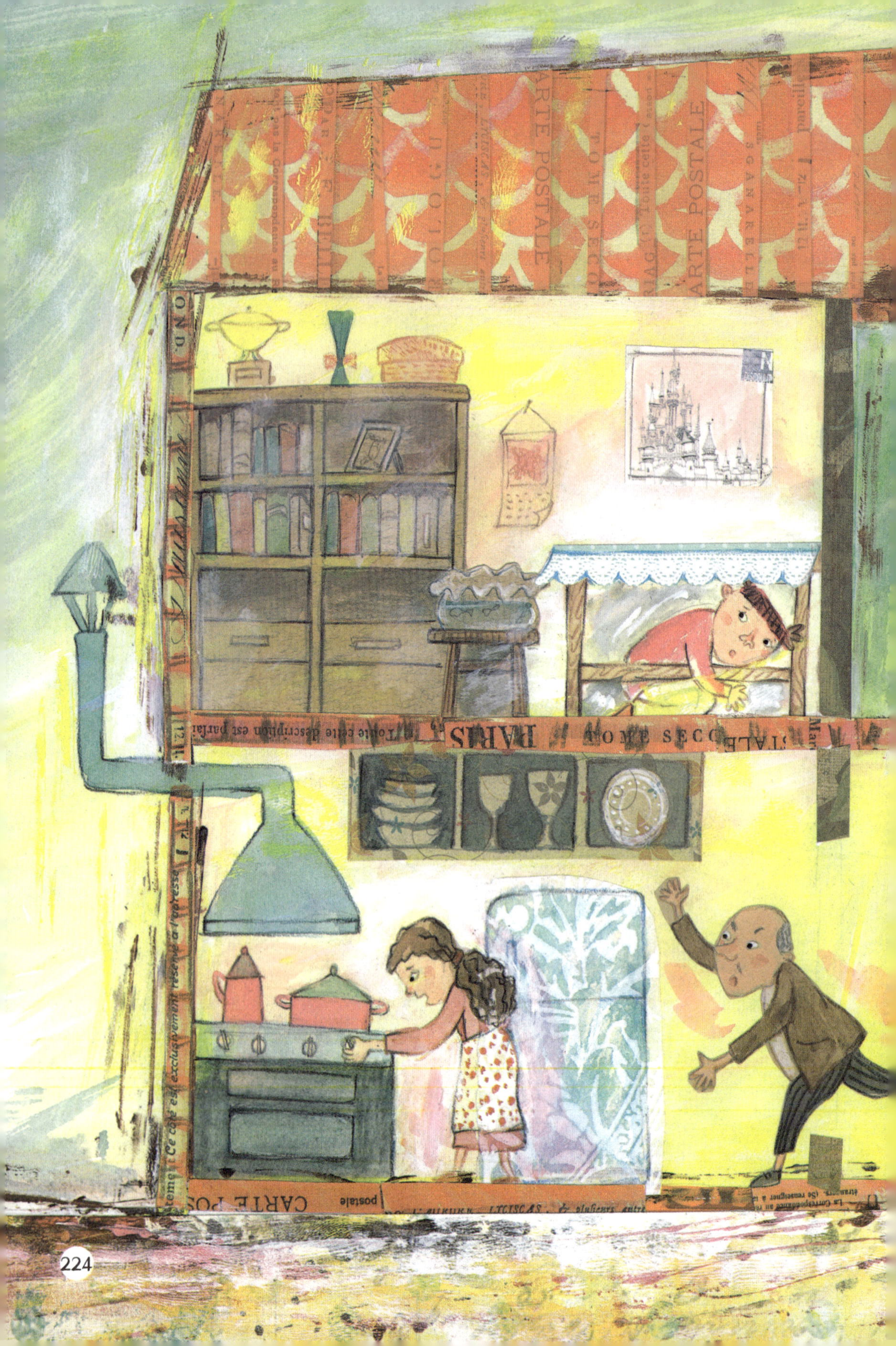
CARTE POSTALE
CARTE POSTALE
ROME SECO
postale

"地震多发地区的建筑物都很坚固，而且人们都会进行地震逃生训练。"

"还要进行训练？"

"是的。发生地震的时候，建筑物里的人要藏到桌子底下，保护好头部。要是建筑物有可能倒塌，人们必须迅速地离开。"

"地震真可怕啊！"

"没错，所以我们要接受训练，冷静地面对地震，一旦有危险时能够想办法及时逃生。"

阅读课

火山女神和火神

古代的人们看到火山喷发的现象，也会感到很好奇。但是由于当时的科学不发达，人们只好借助于神话来解释这些自然现象。如果我们生活在那个时代，听了这样的神话故事，可能也会信以为真的。

佩蕾生气了

夏威夷群岛是由于火山运动形成的岛屿。夏威夷的土著居民认为火山里生活着一位叫佩蕾的火山女神。

佩蕾性格多变、颇富心机。她为了和姐姐海神抢夺爱人吵得不开可交，最后被家人赶出了家门。

佩蕾是夏威夷传说中的火山女神。

赫淮斯托斯是一位有着卓越技术的工匠。

夏威夷人认为佩蕾发脾气的时候火山就会爆发，所以他们会祭拜佩蕾女神，以保佑夏威夷风调雨顺。

赫淮斯托斯制造武器

赫淮斯托斯是希腊神话中的火神。他是众神之王宙斯的儿子，但是因为长得不够英俊，受罚住在了地下。他负责制造众神使用的刀、枪、盾牌、头盔等武器。

想要把铁烧热，制造这些武器的话，就需要用到火。所以只要有火山爆发，就表示赫淮斯托斯正在制造什么武器呢。

火山大爆发

1979年8月24日,意大利南部拿波里湾维苏威火山爆发了。这次火山爆发特别猛烈,一直持续了三天,火山灰把一座城市都掩埋了。很多小说中都描述了这次火山大爆发的情况。

突然爆发了

历史上有一座叫庞贝的城市,在维苏威火山爆发时被彻底掩埋了。之后大约过了1700年,一个偶然的机会,人们发现了这座古城的一些痕迹,然后开始大规模地发掘。

读书室里的书卷、工厂里的设备、澡堂里的毛巾、旅馆里客人付的钱,还有准备逃跑的人们,都原封不动地保存了1700年。

写成了小说

英国小说家爱德华·鲍尔·李顿(1803-1873)在作品《庞贝城的末日》中描述了维苏威火山爆发的情景。

主人公格劳科斯遇到了美丽的姑娘伊俄涅,但

庞贝古城由于火山爆发而被埋没。
我们可以通过庞贝城遗迹看到当时人们的生活状态。

是两个人的感情遭到了其他人的嫉妒。他们与邪恶势力发生了冲突。维苏威火山爆发的那天，格劳科斯和伊俄涅在女仆的帮助下幸运地躲过了灾难。

　　小说详细记载并描述了当时社会人们生活的状态、宗教信仰、人们多样的性格以及思想差异。

名人故事

灵光一闪

有一天,魏格纳患了重感冒,不得不待在家里休息。他躺在床上,一会儿看看天花板上的灯,一会儿又盯着窗户。过了一会儿,他把目光停留在了墙上挂着的一幅世界地图上。他目不转睛地盯着地图,嘴里还一直嘟嘟囔囔地说着什么。

突然间，他灵光一闪，发现了一个非常有趣的现象：地图上大西洋两岸的轮廓惊人地相互吻合，南美洲巴西东海岸的直角凸出来一块，而非洲西海岸正好凹进去一块，而且凸出部分和另一边的凹进部分的形状几乎完全一样。再仔细看，巴西海岸每一个凸出部分好像都能和非洲西岸凹进的部分对上。大西洋两岸就好像一张纸，被人剪成两半分开了，但是它们还能再拼起来变成一个整体。

魏格纳觉得太好玩了，这到底是怎么回事呢？一个惊人的想法浮现在魏格纳的脑海中：难道说美洲大陆和非洲大陆很久以前是连在一起的，但是后来由于某些原因而分开了？魏格纳兴奋得不想睡觉了，爬起来开始查资料。他认为大陆可能是会不断漂移的。

他把这个想法告诉了老师和朋友，但是他们都阻止魏格纳说不要浪费时间和精力，这个想法简直是太荒谬了，因为当时大家都相信"海陆固定论"。但是魏格纳并没有停止研究。他后来到处搜集证据，总结了地球物理学、地质学、古生物学、古气候学等成就，然后对比几个大洲之间动物或者地质的特点，发现了许多证据支持大陆漂移的观点。

一年多之后，魏格纳全面、系统地论证了大陆漂移学说，震动了地球科学界。魏格纳的"大陆漂移说"第一次成功地解释了地球海洋和陆地分布现状的成因，对地质学研究、探矿和地震预报都提供了巨大的帮助。

小书桌

火山爆发

我们在前面学到了火山爆发现象和有关火山岩石的知识。火山爆发会给周围的土地以及环境带来很大的变化。

火山和一般的山脉不同

普通的山会有连绵不断的山峰，但是火山的山峰独立地存在，山顶上还会有凹进去的坑。

火山是地下深处的岩浆喷发出来形成的山。岩浆喷发的洞口就是火山口。火山口的直径一般是1千米左右。之后如果火山爆发，火山锥顶陷落使得火山的喷发口扩大，这样的火山口叫做破火山口。破火山口的直径一般为2千米到3千米。长白山天池就是破火山口里积满了水形成的。

长白山天池

花岗岩很美丽，也很坚硬，常被用作建筑材料。

冷却变成石头

地下的岩浆涌到离地表很近的地方喷发出来，就形成了火山爆发。岩浆的温度非常高，被它喷到的物体都会熔化。时间久了，岩浆也会冷却。

岩浆冷却形成的岩石叫做玄武岩。玄武岩颜色很黑，表面有很多小孔。这些小孔是岩浆冷却过程中排出气体时形成的。

地下的岩浆冷却后变成了坚硬的花岗岩。花岗岩接近白色，里面有闪闪发亮的黑色石子。

火山爆发很可怕，但也会给我们带来很多好处

一旦火山爆发，周围的人和动物都要迅速避开才行。火山爆发会夺去很多人的生命，有时还会引起山火，烧掉很多树木，引发山体滑坡等自然灾害。火山灰升到空中，还会遮蔽太阳光。

但是火山爆发也有很多好处，比如，附近的地下水受到火山热量的影响形成温泉。我们也可以借火山爆发仔细研究地球的内部。

温泉中含有很多矿物质，所以泡温泉有益于身体健康。

实验室

岩浆是怎么流动的？

火山爆发的时候岩浆沿着山体滑下，可以流动数百千米。因为岩浆非常热、很危险，所以我们没办法近距离直接观察。所以，我们在液体中加上泡沫模仿岩浆来观察一下吧！

请准备下列物品：

小瓶子　宽大的盘子　小苏打水　食用色素(红色)　白醋　沙子

一起来动手：

1. 在小瓶子里装上小苏打水，把瓶子放在宽大的盘子里。
2. 在瓶子周围盖上沙子，用手压成山的模样。
3. 把红色食用色素加到白醋里，使醋变成红色。
4. 把红色的醋加入装有小苏打水的小瓶子里，观察发生的变化。

*注意：这个实验最好由父母为孩子演示。

1. 在小瓶子里装上小苏打水，把瓶子放在宽大的盘子里。

2. 在瓶子周围盖上沙子，用手压成山的模样。

3. 把红色食用色素加到白醋里，使醋变成红色。

4. 把红色的醋加入装有小苏打水的小瓶子里，观察发生的变化。

实验结果：

倒入醋以后，红色的液体冒着泡从瓶子里流出来。冒出的液体越来越多，顺着沙子流了下来。

为什么会这样？

小苏打水和醋混在一起的话，就会发生反应，产生很多气泡。翻滚的液体会冒到瓶子外面去，顺着沙子流下来。同样的道理，岩浆在地下沸腾翻滚着，喷发到地面上来。

开普勒 讲
太阳系

约翰斯·开普勒

（1571—1630）

开普勒出生在德国魏尔，在尼古拉·哥白尼的日心说的影响下，他开始研究天文学。他得出了行星以太阳为中心，沿椭圆形轨道运行的结论，也就是我们现在所说的开普勒定律。这条定律开启了人们认识宇宙的新局面。

约翰斯·开普勒

除了我们居住的地球以外，太阳系的行星还有水星、金星、火星、木星、土星、天王星和海王星。这八颗行星都围绕着太阳旋转。

开普勒通过认真仔细的观察，发现火星是沿着一条椭圆形的轨道运行的，地球以及其他行星也都是这样。

很久以来，人们一直都认为行星是按照圆形轨道旋转的。

开普勒打破了人们长期以来的旧观念。

现在就让我们和开普勒一起来探索一下太阳系吧。

"唉，到底是怎么回事？"开普勒叹了口气。他正在研究行星运动，可是遇到了一个难题，正在发愁呢。

这时候，不知从哪儿传来一个很小的声音："开普勒先生，让我来帮助您吧。"

开普勒吓了一跳，回头一看，原来是一个小精灵在冲着他笑。

"我是来自宇宙的小精灵，让我来帮助您解决难题吧。"

"你要帮助我？真是太感谢了！我正在研究太阳周围行星的运动。一直以来，人们都认为地球和其他的行星一样，围绕太阳运动时沿着一条圆形的轨道，但是我觉得不是。"

行星的运动是一定的

行星围绕太阳旋转的轨道叫做公转轨道。这个轨道的形状有点像被压扁的椭圆形。所以行星有时候离太阳近,有时候离太阳远。

"那么您觉得是什么样的轨道呢?"
"我觉得行星是沿着一条类似于圆形的椭圆轨道运行的。"
"是的!您说得很对。行星是沿着椭圆轨道运行的。"
小精灵激动地鼓掌表示同意,开普勒觉得可高兴啦。

"果然和我想的一样,那么你可以告诉我太阳和周围行星是怎么产生的吗?"

"好的。很久很久以前,宇宙诞生的瞬间产生了很多气体和云,太阳和太阳周围的八个行星就在这些气体和云里形成了。"

"首先形成的是太阳，太阳周围剩下的气体和灰尘聚集到一起，就形成了地球和其他的行星。太阳和太阳周围的行星、小行星以及行星周围的卫星们都以太阳为中心运动，这样就形成了太阳系大家庭。"

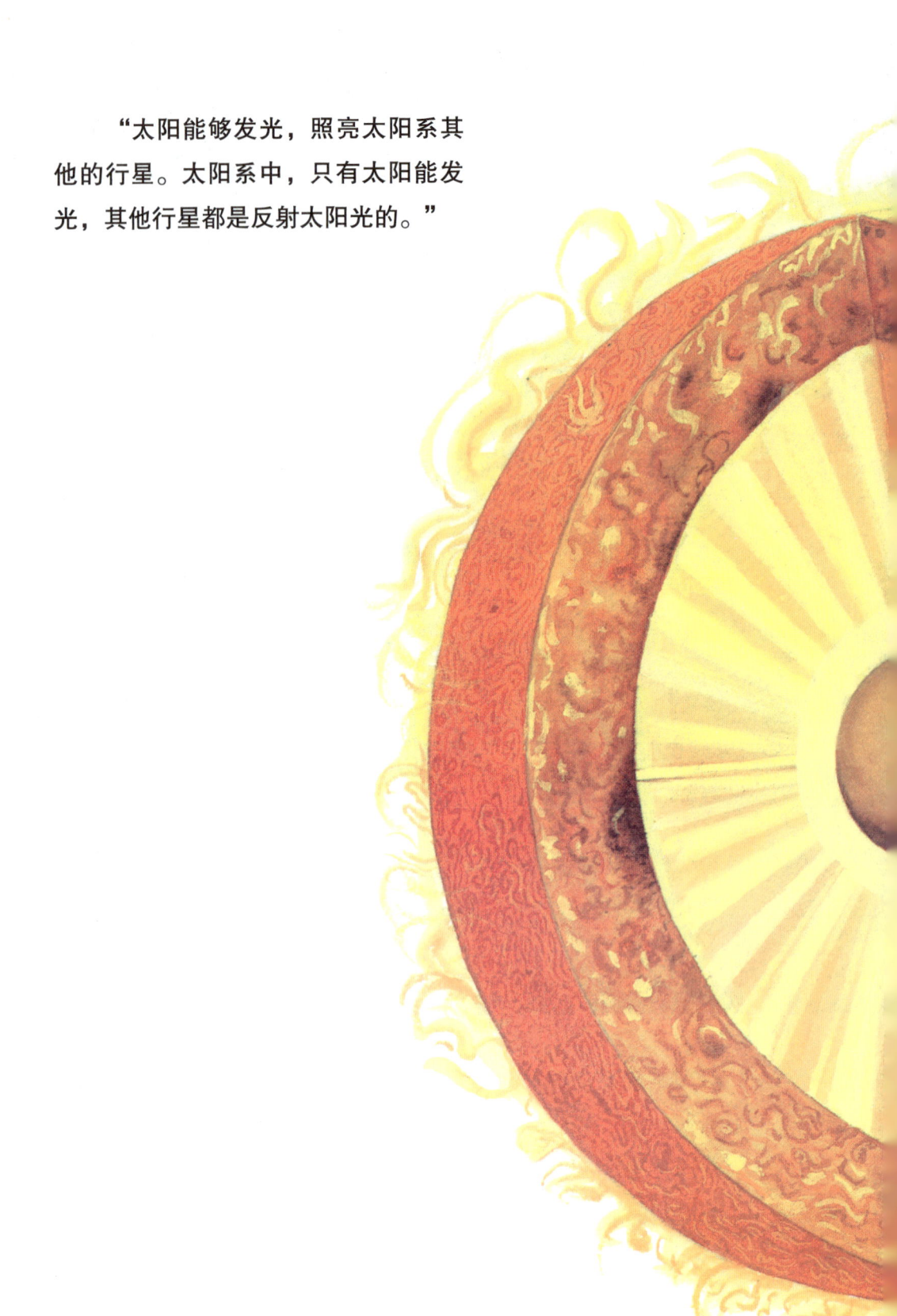

"太阳能够发光，照亮太阳系其他的行星。太阳系中，只有太阳能发光，其他行星都是反射太阳光的。"

"哦，原来是这样，多亏有了阳光，地球上才有了人类和其他的动物、植物，才能成为一个美丽的星球。"听完小精灵的话，开普勒接着说。

越往太阳的中心去越热。

太阳的中心温度可以达到1500万摄氏度，并且太阳在不断地发光发热。

太阳系有八大行星

以太阳为中心，太阳系一共有八大行星，这里面哪个行星最重要呢？

为什么行星都以太阳为中心旋转呢？

就好像我们家的每个人都很重要一样，太阳系的成员们也都很重要。太阳系的八个行星都可以被称为是太阳的家人。

么太阳系的
大行星都是
弟姐妹吗？
对啊，太阳是父母的话，
行星们就是兄弟姐妹。

姐姐，我来告诉你
吧，那是因为太阳和
行星互相吸引着。

水星
比月球稍大，外形和月球相似。

水星探测器
（水手10号）

"开普勒先生，我带你去和行星们见个面吧。"
小精灵拉着开普勒的手，朝宇宙飞去。
他们第一个到达的行星是离太阳最近的水星。
"你们好，我是水星。在太阳系行星中，我是最小的

金星
和地球差不多大,所以被称为地球的双胞胎星。

一颗。我的表面有很多坑坑洼洼的地方。"

看过水星以后,他们接着来到了金星。

"我是金星。除了水星,我离太阳最近了。我是看起来最亮的行星,我体内有岩浆流动,很热,也很干燥。"

地球
太阳系中唯一有生命存在的星球。

"看了水星和金星,我们再来看看地球吧。"

听了小精灵的话,开普勒点了点头。

"你们好,我是地球。我离太阳不远不近,距离正好,所以不太冷也不太热。我有大海和大气,非常适合生命的生存。"

火星
因为发着红色的光，
所以也被叫做红色行星。

火星探测器
（勇气号）

认识完地球，他们接着朝火星出发了。

"我的名字是火星。我发着红色的光，虽然我的个子比地球要小很多，但是我和地球有很多相似的地方。一天的长短差不多，都有大型火山，也有很久以前水留下的痕迹。"

木星

表面有很多横纹，还有很多很大的红斑点。

这些斑点是由像台风一样的大风吹出来的。

木星探测器（伽利略号）

"下面我们去第五颗星球——木星。"

开普勒的话音未落，小精灵就带他飞过去了。

"我就是木星，太阳系里最大的行星。我没有地球那样的陆地，主要是由气体构成的。"

土星探测器
（卡西尼号）

土星
仔细观察土星的环会发现，它是由很多小石头、冰块和灰尘等组成的。

"木星真大啊！下面让我们去帅气的土星上看看吧。"

小精灵拉着开普勒的手，朝土星飞去。

"我是排在木星之后的大行星土星，我主要由气体构成，所以非常轻。而且，我还有美丽的土星环。"

太阳系探测器
（旅行者号）

天王星
天王星也有环，但是要比土星环窄和暗。和其他行星不太一样的是：它看起来像是躺着在旋转。

去天王星的路上花费了很长时间。

他们到了近处一看，原来天王星也有环。

因为距离太阳太远，接收到的太阳光很少，所以天王星上特别冷。

海王星
和木星一样，因为有很强烈的风，所以表面被吹出了很多大的斑点。

"下面让我们去看看太阳系的最后一颗行星海王星吧。"
海王星和天王星一样，是蓝色的。
"我是海王星，我和天王星大小差不多，有薄薄的一层环。温度也很低，刮着很大的风。"

木星

"现在我们把太阳系的行星们都访问了一遍。下面我可要提问啦!你来回答一下吧!"

"没问题!"听开普勒说要提问,小精灵一点也不怕。

火星

"太阳和地球中间的行星是什么?"

"水星和金星。"

地球

"距离太阳比地球远的行星有哪几个?"

"火星、木星、土星、天王星、海王星。"

海王星

天王星

土星

太阳

金星　水星

"好的。这次我问你个更难的问题。木星有很多卫星，这些卫星中最大的那个叫什么名字？"

"叫伽利略卫星，是太阳系最大的卫星。"

太阳系的卫星

火星有火柏斯和迪莫斯两颗小卫星。

木星有数十颗卫星，其中较大的卫星可以用小型望远镜观测到。

土星的卫星中最大的是六号卫星。

　　土星、天王星、海王星周围也有一些卫星，地球只有一个卫星，火星有两个卫星，到目前为止我们还没发现水星和金星有卫星。

小行星探测器

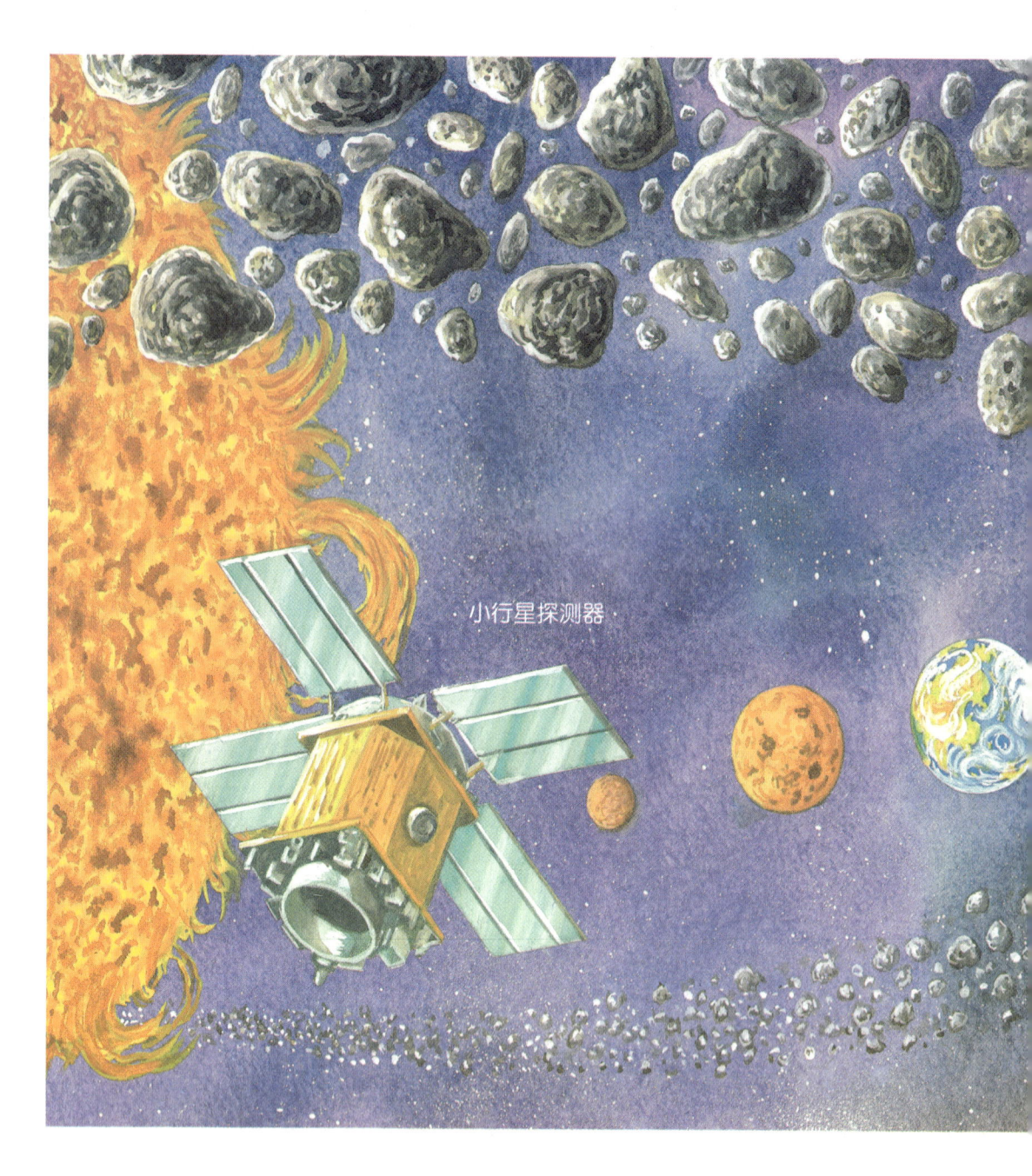

"这次轮到我提问了。"小精灵高兴地开始提问,"围绕太阳旋转,由小石头组成的东西叫什么?"

"是由好多大大小小的石块组成的吧?"

"是的。"

小行星

"主要在火星和木星周围?"

"是的。而且很多都像土豆一样,表面有许多坑坑洼洼的地方。"

"你说的是小行星吧?小行星也是太阳系的成员。"

就在这时候,一颗彗星拖着发光的尾巴,嗖的一声从旁边飞了过去。

"啊,彗星!"小精灵和开普勒兴奋地叫出声来。

彗星和小行星差不多,但是它有一条长尾巴。

虽然它也围绕着太阳转,但是位置不固定。

彗星
由冰块和灰尘组成,有一条发光的尾巴。

彗星会被太阳或者木星这样的大行星吸引。如果发生碰撞会破裂,也有可能飞到太阳系外面去。

小精灵和开普勒看彗星看得都入迷了。

"开普勒先生,我们去追赶彗星吧!"

小精灵和开普勒追着追着，忽然就飞出了太阳系。

"太阳系真大啊，我们的地球看起来就像个小不点儿一样。"

"太阳系已经很大了，但太阳系也只是银河系的一部分。"

"银河系？"

"是的。银河系中还有很多像太阳这样的星星。"

开普勒听了，惊讶得睁大了眼睛。

银河系

彗星探测器
（罗塞塔号）

土星探测器
（卡西尼号）

登陆舱

卫星探测器
（火柏斯）

"到目前为止，太阳系还有好多奥秘我们没有发现，还有比太阳系大许多的银河系，大得更是超乎我们的想象。"

听了开普勒的话，小精灵点点头，说："是啊，所以在您之后，还有很多科学家都在努力地研究太阳系、银河系以及整个宇宙。这是一份无穷无尽的工作啊！"

"是啊，希望后来人能够发现更多的奥秘！"开普勒望着无边的宇宙，坚定地说。

阅读课

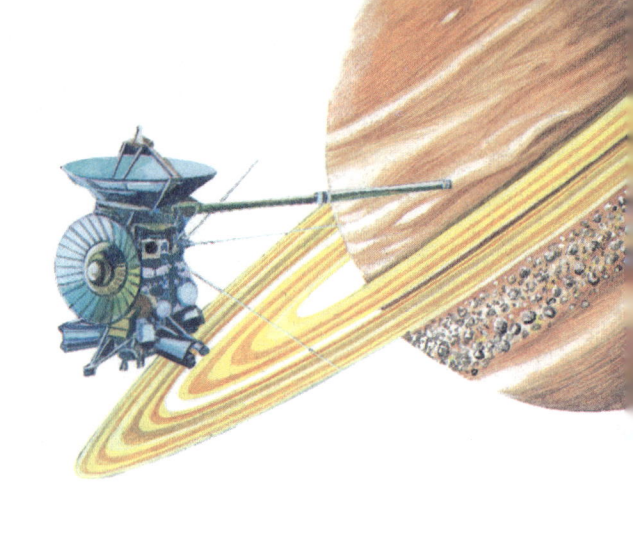

研究天文学

天文学是研究宇宙的学问，在自然科学领域，这也是历史最悠久的一门学问。

我们生活的地球是宇宙的一部分，所以我们研究宇宙的同时，对地球的了解也更深了。

预测未来，制作日历

人类对宇宙的研究要追溯到很久以前。早在公元前4000年，古埃及人就曾以宇宙中天体的运动为基础，制作了日历，用于农业生产。另外，他们还会利用天体变化预测未来，比如，古代的人们看到日食这种自然现象，认为这是件不吉利的事情。人们在陆地或大海中旅行的时候，还利用天体的位置来判断方向。

利用科学技术

在人们发明出望远镜之前，天文学家只能用肉眼来观察和研究天体。虽然用眼睛看不清楚，但第谷·布拉赫这样的天文学家却可以确定大部分星星的位置，绘制出星图。后来到了17世纪，望远镜出现了，天文学也因此得到了迅速的发展。

如今，科学技术更加发达，天文学家能够利用性能更先进的望远镜、人工卫星、宇宙飞船等最新技术进行天文研究，并且利用计算机来分析天体的形状，计算它们的轨道。

世界各地的天文学家可以使用计算机和互联网一起进行研究。

为行星命名

行星就像婴儿一样，最初是没有名字的，但是为了区别身份，人们就给它们起了名字。但行星的命名可不是我们随便取个名字就可以了，为了让人们容易理解，每个名字都经过了慎重的考虑。行星的名字在东西方的含义是不一样的。

用希腊神话中神的名字命名

西方人用希腊、罗马神话中神的名字为行星命名。比如，水星是以穿着带翅膀的水晶鞋为大家传递消息的墨丘利命名的；而凌晨发出美丽光辉的金星，是以女神维纳斯的名字命名的；红色的火星，取自战争之神马斯的名字；巨大的木星，用的是最高的神宙斯的名字；土星用的是农业之神萨图尔努斯的名字。天王星、海王星也和其他行星一样用神的名字命名。天王星用的是天空之神乌拉诺斯的名字，海王星用的是海洋之神尼普顿的名字。

天文学家用希腊、罗马神话中出现的神的名字为行星命名。

和星期的命名很像

中国古时候认为月亮与太阳相对，代表着一阴一阳，然后用金、木、水、火、土来命名行星。

西方传统按照神话人物的名字来命名，在中文里相应的翻译为天王星和海王星。天王星指的是天空的王，海王星指的是大海中的王。

小书桌

以太阳为中心

刚刚我们了解了太阳系的构成与行星特征的内容，我们虽然不能直接感受到，但实际上，太阳系所有成员此时此刻都在不停地运动着。就像每个家庭成员都有自己的位置一样，太阳系的成员也都有自己的位置。

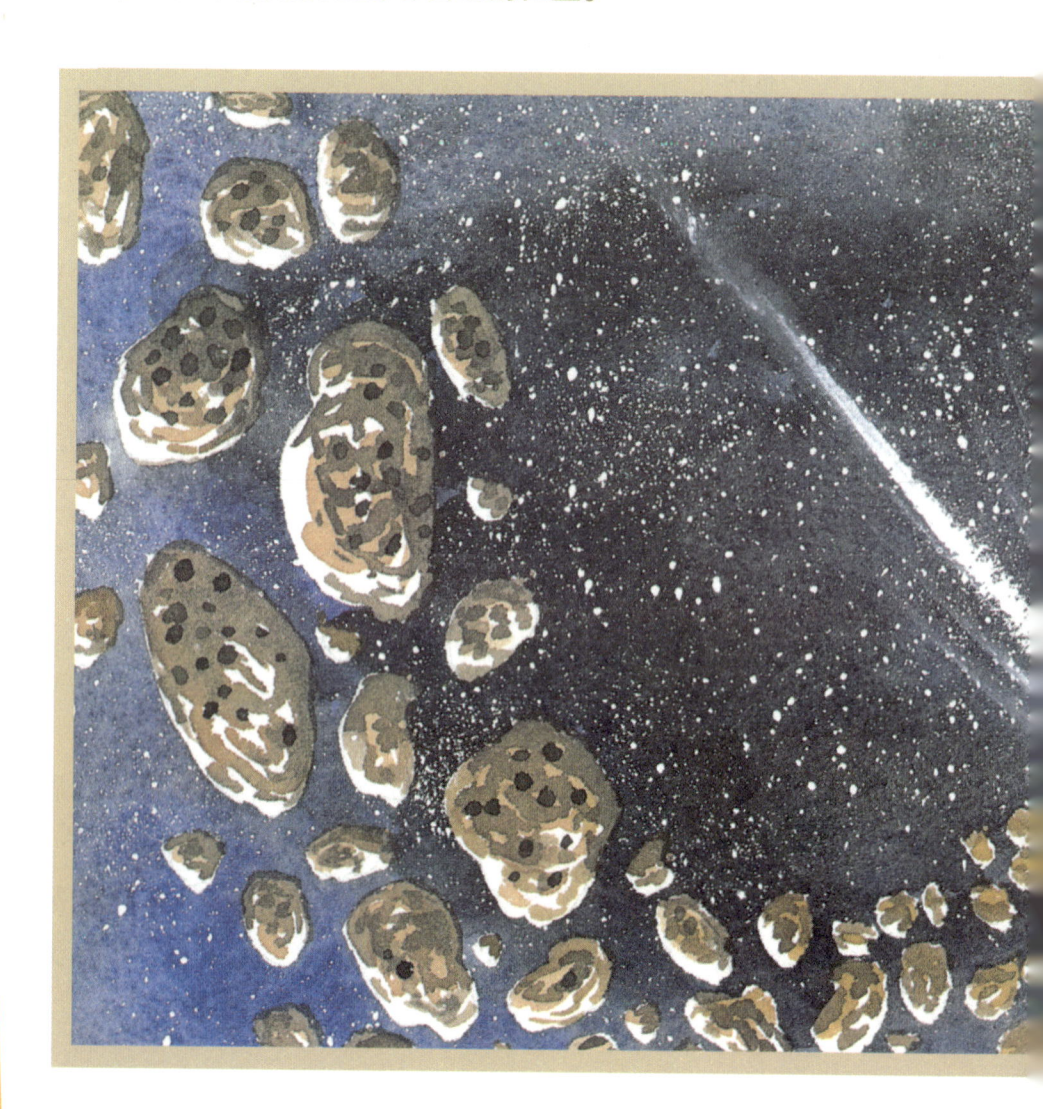

太阳吸引着周边行星

太阳系由太阳和太阳周围的行星、小行星、彗星等组成。

太阳位于太阳系的中心，具有很大的吸引力，在它的吸引下，行星围绕着它转动。

受太阳引力的影响，围绕太阳转动的行星有八个。按照距离太阳的远近顺序分别是水星、金星、地球、火星、木星、土星、天王星、海王星。

小行星是比行星体积小的天体，它们没有固定的形状。火星和木星之间有很多小行星。这些小行星聚集在一起，被称为小行星带。小行星主要沿着椭圆形轨道绕太阳运行，但偶尔也会接近行星，甚至相撞。

彗星和小行星的大小差不多，不同的是彗星拖着一条尾巴。因为彗星接近太阳时，受到太阳光热的影响，彗星中的气体以及尘埃被推向后方，形成一条像扫帚一样的尾巴。

小行星和彗星。

行星沿着轨道运行

地球是太阳系的第三个行星。在地球内侧沿椭圆形轨道运行的行星叫做内行星，水星和金星就是内行星。在地球的外侧沿椭圆形轨道运行的行星叫做外行星，外行星有火星、木星、土星、天王星、海王星。

八大行星都按照一定的轨道绕太阳运行。轨道就是行星受重力影响，围绕其他天体运动形成的路线。

地球绕太阳运行一周需要1年的时间。内行星比地球需要的时间短，要少于1年。外行星需要的时间比地球需要的时间长很多。距离太阳最远的海王星绕太阳一周大约需要160年。

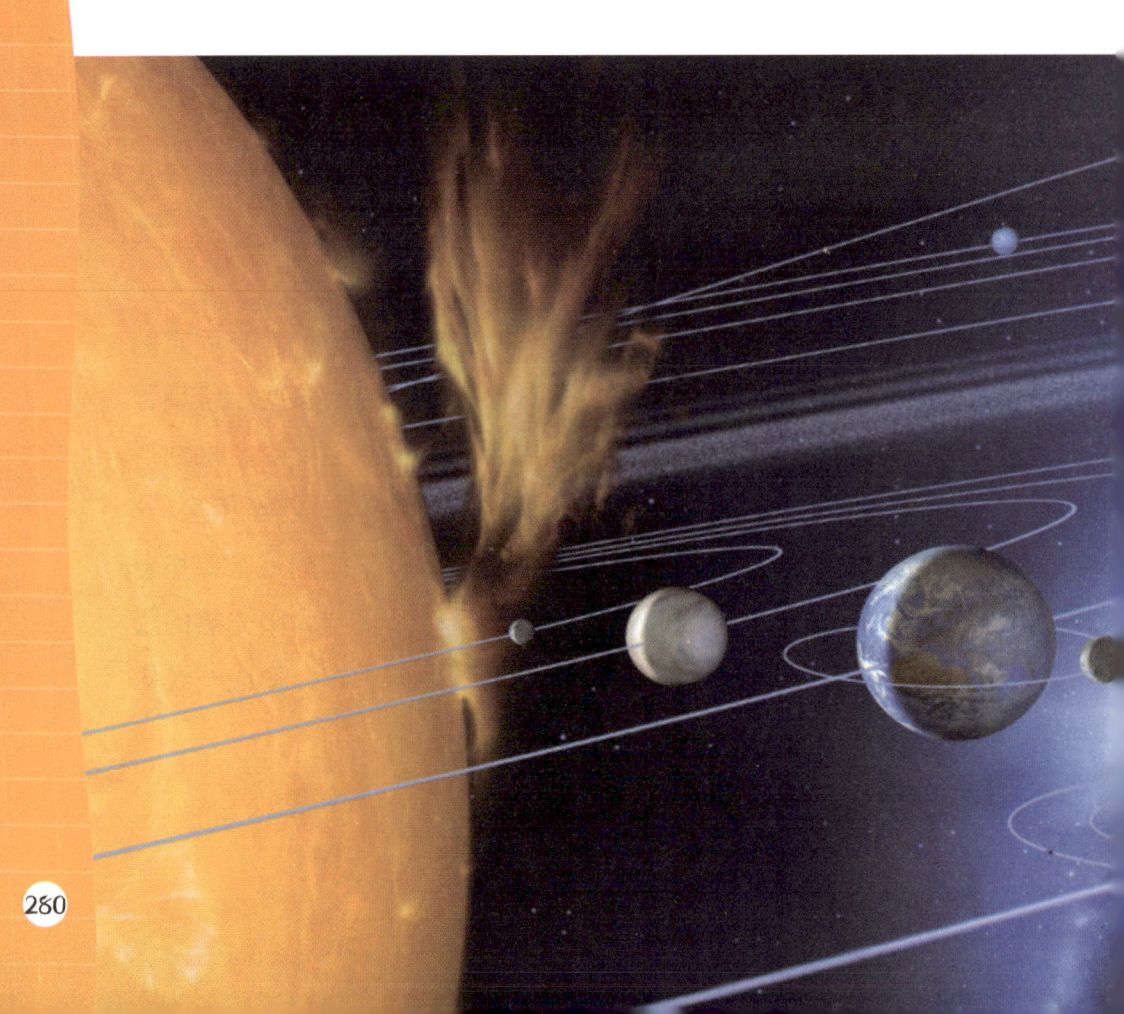

研究太阳系

为了更进一步了解太阳系，人们一直不断地探索着。

探索太阳系的方法有很多，比如利用人造卫星来观察地球或者行星的大气状态、地形等，利用宇宙飞船接近或者直接降落在行星表面进行研究。

最早的人造卫星是1957年前苏联发射的"伴侣一号"。

1961年，尤里·加加林乘坐"东方号"沿地球环行了一周。

中国在1970年4月24日发射了第一颗人造地球卫星——"东方红一号"。中国是继苏、美、法、日之后，世界上第五个用自制火箭发射国产卫星的国家。

行星沿一定轨道绕太阳运行。

冥王星被"开除"啦！

几十年来，我们的教科书上都写着太阳系有九大行星，第九个行星就是冥王星。可是你知道吗？2006年的时候，天文学家们开大会，把冥王星从九大行星的名单里"开除"啦！这到底是怎么回事呢？

2006年8月，在国际天文学联合会第26届大会上，两千多位天文学家经过了九天的争论，最终表决通过：太阳系只有八大行星。冥王星不再是行星，而被归为矮行星。

冥王星与其他八大行星大不相同：一是体积过小，它的质量只有月亮的1/3；二是八大行星轨道都接近于圆形，而冥王星却是极为扁长的椭圆；三是八大行星轨道几乎在同一平面，而冥王星与它们的轨道平面倾斜角达17度。天文学家们给行星下了更加明确的定义，于是，冥王星因为许多方面不符合行星的标准，而被归入了矮行星的行列。

"矮行星"？小朋友们可不要以为矮行星就是个子很矮的星星啊。这是一个不可分割的完整名字，也是一个全新的分类。矮行星的体积在行星和小行星之间。从此以后，以冥王星为代表，大到一定程度但未能将周围"竞争对手"清扫干净的天体将被称为矮行星，以区别于地位稳固的八大行星。

　　太阳系还有多少未解之谜等待我们发掘？科学的进步，从来都不会是一帆风顺的。每一天，我们对宇宙的认识都在不断更新。现在的许多不解之谜，可能在未来的某一天就会得到答案了。我们也努力学习天文知识吧！

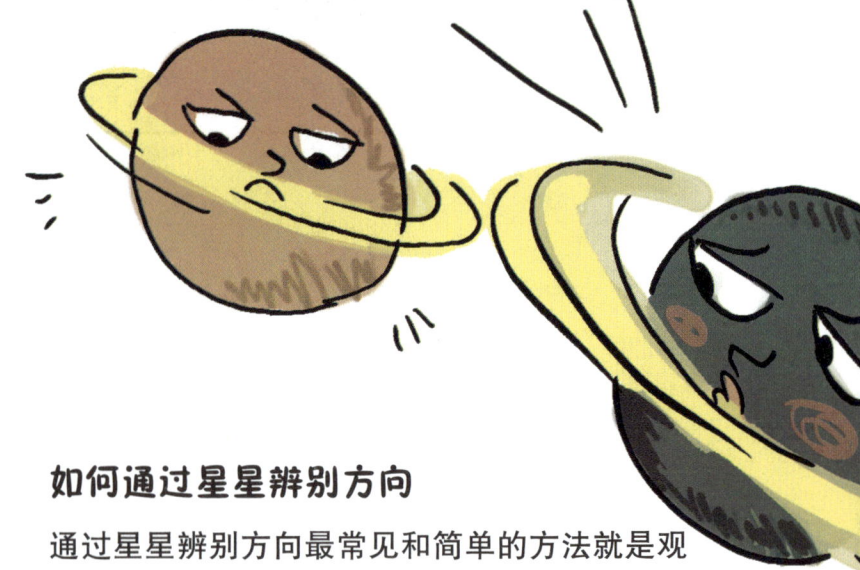

如何通过星星辨别方向

通过星星辨别方向最常见和简单的方法就是观察北极星。在夜空中，我们总会找到长得像勺子的北斗七星，勺柄上的两颗星的间隔延长5倍画一条直线，北极星就在这条直线上。

猎户座是冬季辨别方向的重要指标，它出现的时间为每年12月至下一年3月。要以猎户座来判定方位，首先得找出猎户座大致的轮廓，猎户座中央有3颗排成一条直线的亮星，就像是系在猎人腰上

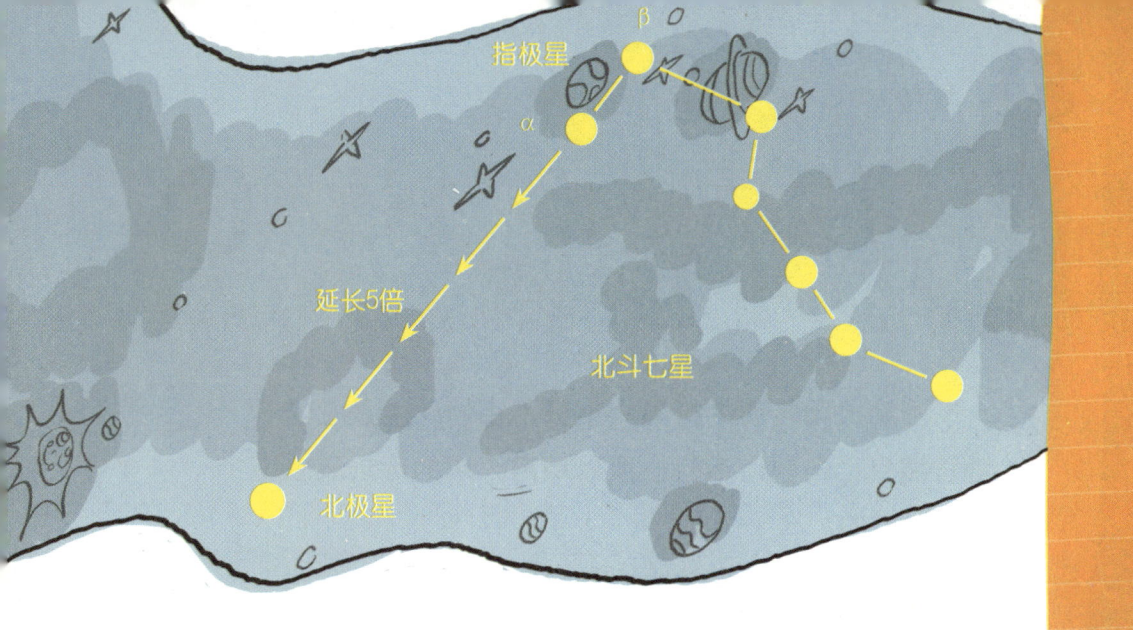

的腰带，3颗星下面又有3颗小星，像是挂在腰带上的剑。整个形象就像一个昂首站立的猎人。由猎户腰带中央的那颗星往头顶延伸，一直延长下去即可找到北极星。

北极星所在的方向就是正北方。

实验室

制作太阳系模型

围绕太阳转动的行星大小都不相同，但是它们都按照自己的轨道运行，所以距离太阳的远近顺序都是一定的。

让我们按照行星的大小和顺序，制造一个太阳系的模型吧，这样我们就可以一眼看清楚太阳系的情况了。

请准备下列物品：

绘画纸　荧光笔　圆规　尺子　剪刀　线　透明胶带　长木棍

一起来动手：

1.在绘画纸上按照行星大小为每个行星画两个圆，在圆的前后面都画上行星的样子。

2.用剪刀把圆剪下来，再经过圆心，沿圆的中心线把圆剪一条开口。

3.把相同大小的两个圆像图中展示的那样，将开口的地方插在一起。

4.把行星模型的上部连上线，用透明胶带固定，按照顺序系在长木棍上。

*如果把地球的半径算作1的话，那么其他行星的半径如下：
水星0.4、金星0.9、地球1、火星0.5、木星11.2、土星9.4、天王星4.0、海王星3.9

1. 在绘画纸上按照行星大小为每个行星画两个圆，在圆的前后面都画上行星的样子。

2. 用剪刀把圆剪下来，再经过圆心，沿圆的中心线把圆剪一条开口。

3. 把相同大小的两个圆像图中展示的那样，将开口的地方插在一起。

4. 把行星模型的上部连上线，用透明胶带固定，按照顺序系在长木棍上。

267

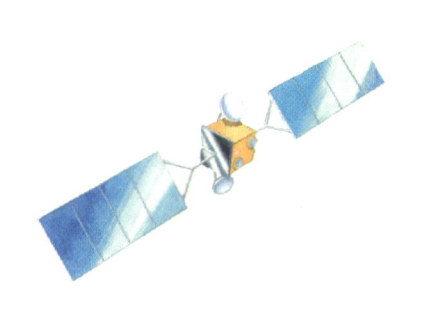

实验结果：

将行星按照水星、金星、地球、火星、木星、土星、天王星、海王星的顺序系到木棍上，就完成了这个模型，可以清楚地看到太阳系行星的大小和顺序。

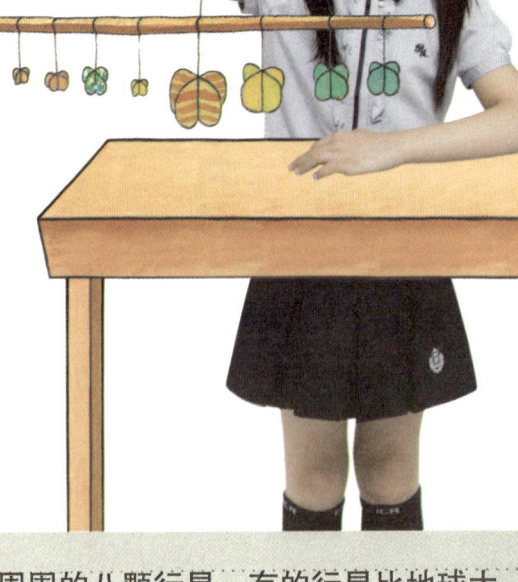

为什么会这样？

太阳系包括太阳和它周围的八颗行星。有的行星比地球大，也有的行星比地球小。水星和金星在太阳和地球之间，火星、木星、土星、天王星、海王星在外围的地方，距离太阳比较远。

霍金 讲
宇宙

斯蒂芬·威廉姆·霍金

（1942— ）

霍金出生在英国牛津，后来进入牛津大学攻读物理学。

霍金考上剑桥大学研究生后，被确诊得了某种重病，医生预言他最多只能活三年。但是他并没有因此失去活下去的信心和勇气，依然很努力地学习。

霍金后来出版了一本关于宇宙物理学的书，叫做《时间简史》。现在，他一边和病魔做斗争，一边不断修正自己关于黑洞的理论，研究并更新他的学说。

斯蒂芬·威廉姆·霍金

宇宙是什么时候诞生的呢？

宇宙里正在发生什么事情呢？

宇宙会在某一天消失吗？

提到宇宙，大家总会有十万个为什么，所以现在许许多多的科学家都在研究宇宙。

著名的宇宙物理学家霍金也在研究着宇宙的起源以及黑洞。霍金虽然全身都不能动，没法说话，也不能写字，但是他的研究帮助很多人了解了宇宙。

那么，就让我们和这位坐在轮椅上的坚强的宇宙物理学家一起，去探索宇宙的奥秘吧！

"霍金啊,你要是学医,以后当个医生该多好啊!"

我的爸爸是一名医生,他希望我长大后和他一样,成为一名医生。

可是我有自己的理想,我不愿意放弃自己的梦想。

"爸爸,我觉得科学比医学更有意思。我想成为一名研究宇宙的科学家。"

因为我对宇宙充满了好奇,我决定长大后要研究天文学。

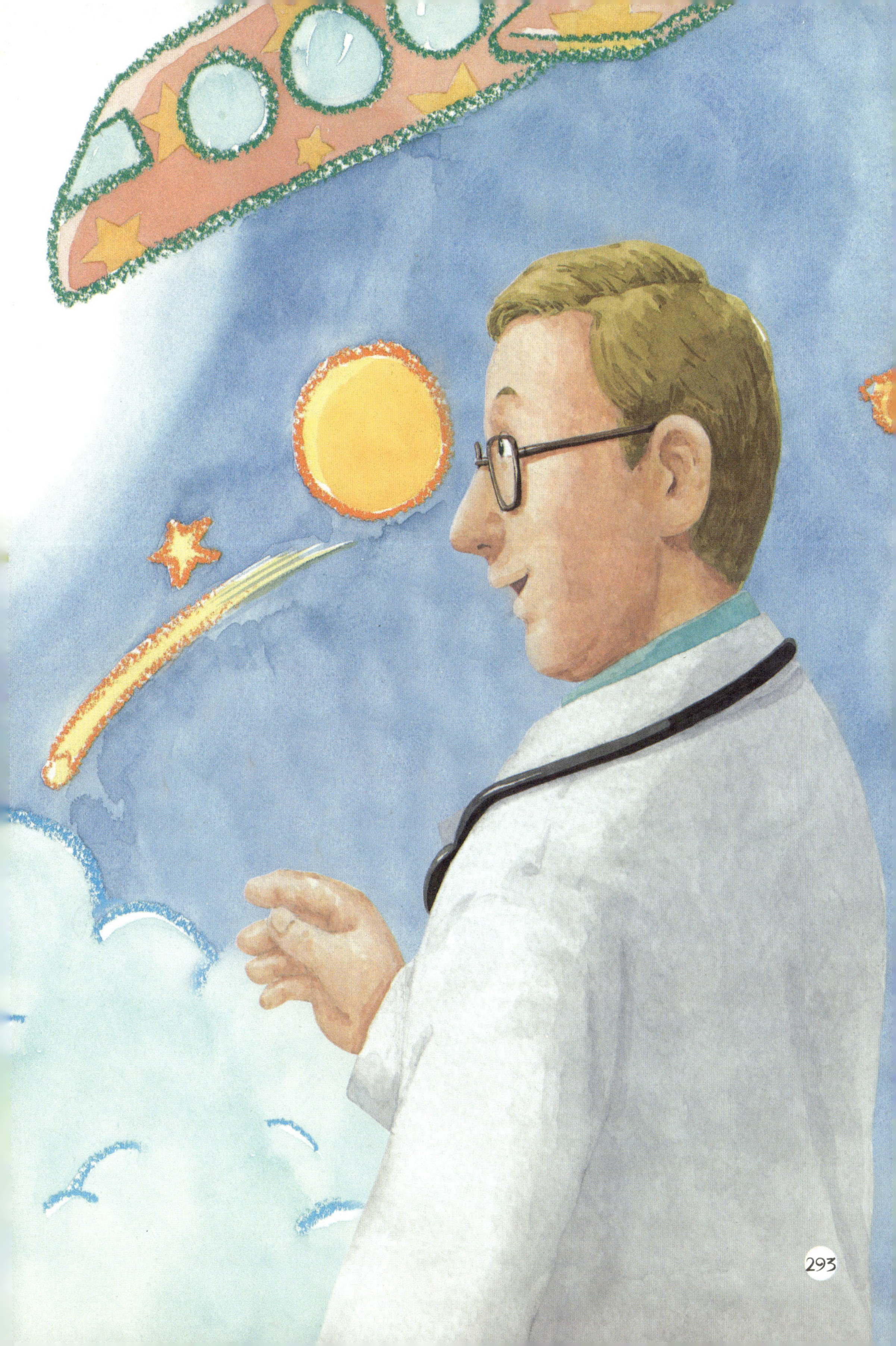

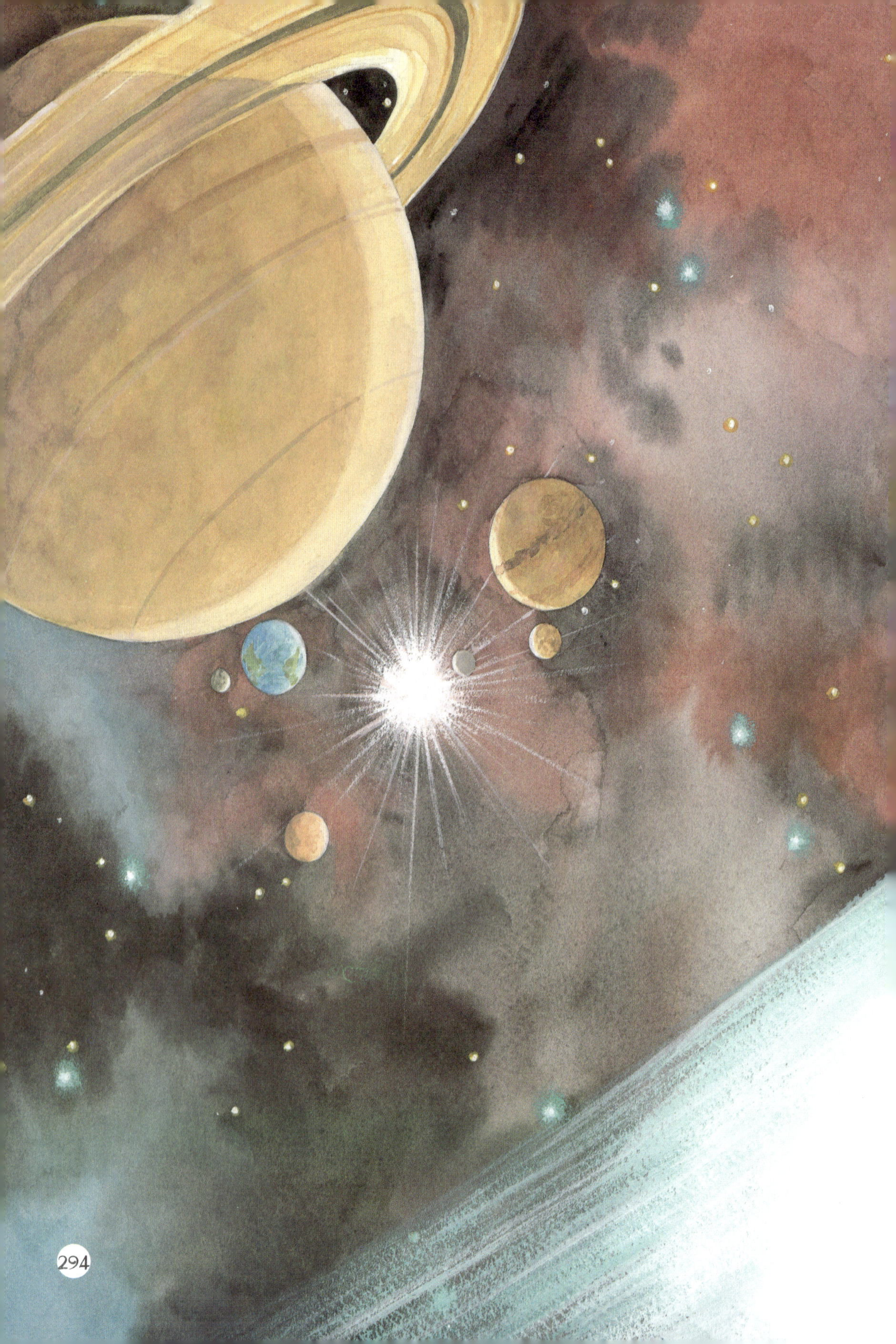

小朋友，你知道宇宙是什么吗？

呵呵，让我来告诉你吧！

现在我们居住的地球和水星、金星等行星以及它们的卫星组成了太阳系。

太阳系所在的银河以及其他许许多多的银河组成了宇宙。

宇宙的复杂和庞大，完全超乎我们的想象哦。

那么宇宙是怎么诞生的呢?

科学家们认为,宇宙诞生于大约150亿年以前。宇宙最初是个很小的小点儿,忽然砰的一声发生了大爆炸,于是形成了现在的宇宙。

这种说法被称为大爆炸学说。很多科学家都赞成这个说法,当然也包括我啦。

以前,有很多人认为宇宙是不变的,但是我认为宇宙是在不断变大的。大爆炸理论也能证明,宇宙是在不断变大的这个事实。

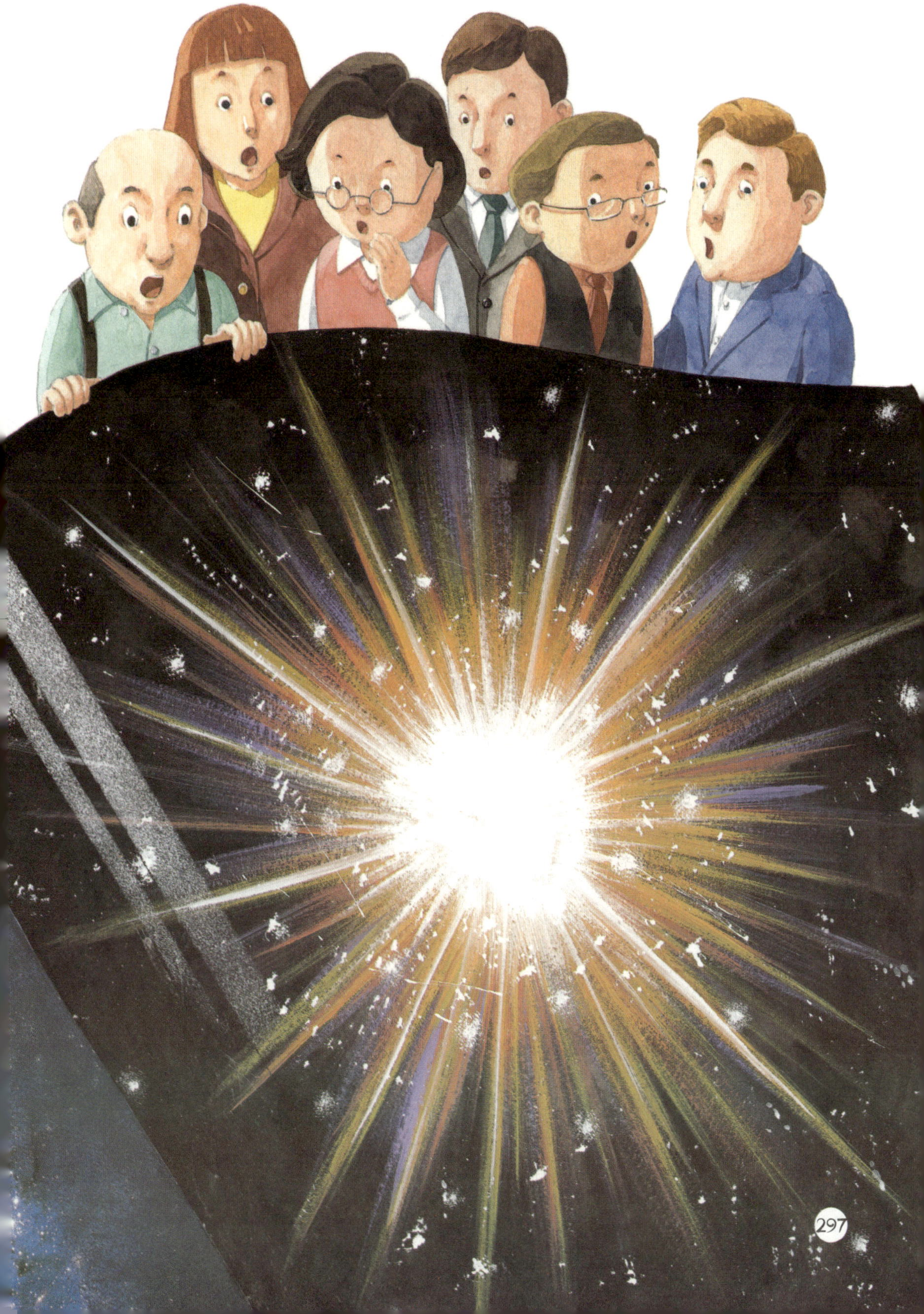

那么让我来给大家讲讲什么是宇宙大爆炸理论吧。

就拿大家都熟悉的气球来说明吧。

吹气儿之前,气球只有手掌那么大。根据大爆炸理论,宇宙最初像没有吹气的气球一样很小很小。

自从发生爆炸以后,宇宙就像气球被吹起来那样,慢慢地不断变大。如果画着点点图案的气球被吹起来,随着气球慢慢变大,点与点之间的距离也会变大。宇宙里的星星也是这样,随着宇宙的变大,它们之间的距离越来越远。

这就是大爆炸理论。

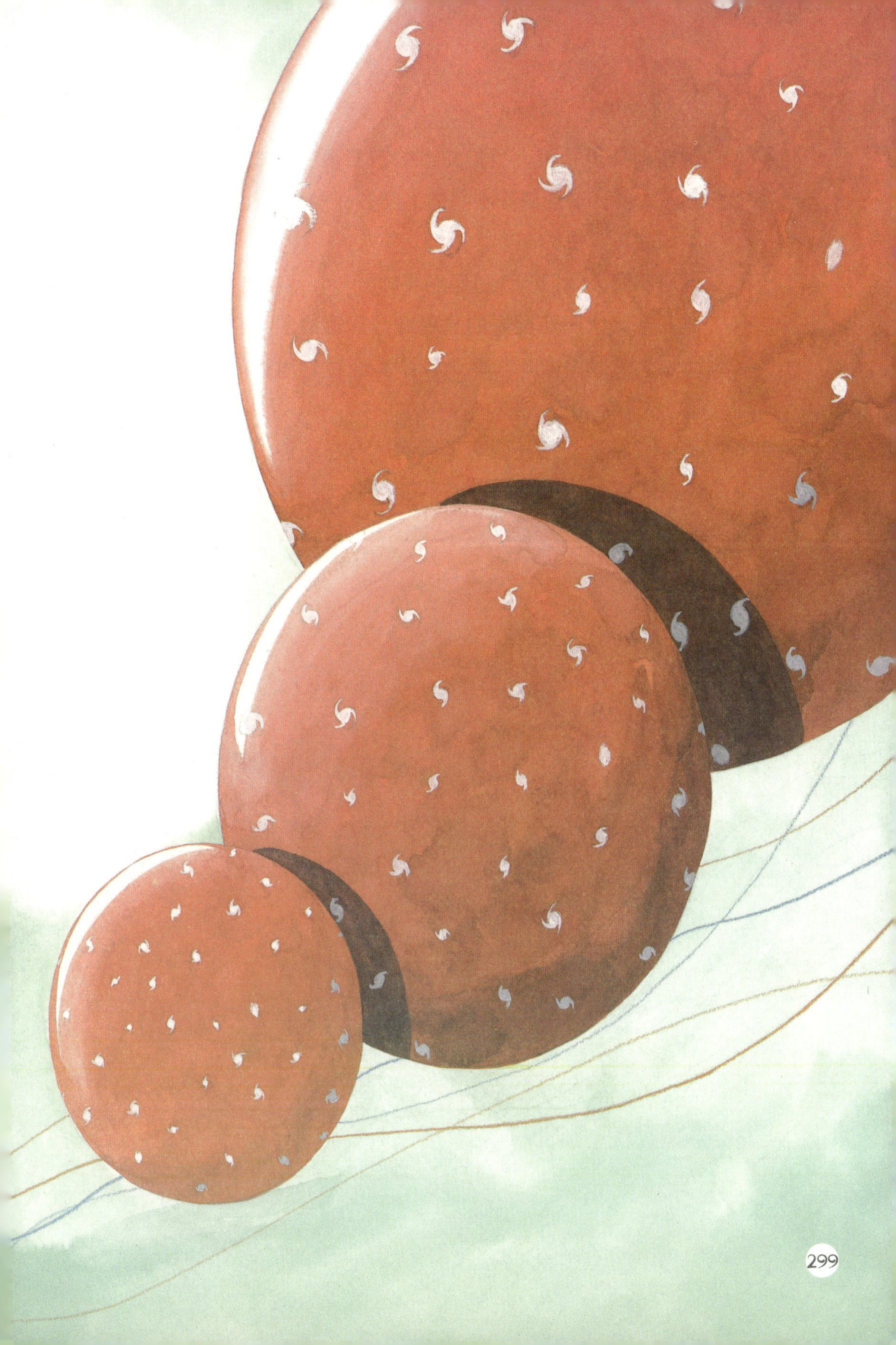

现在,关于宇宙,我们知道的东西很少,未知的秘密太多太多,这些都等着我们人类去探索呢!

黑洞就是其中的一个。

小朋友们,你们听说过黑洞吗?

黑洞是比太阳还要重的星星爆炸时形成的,它有着无比强大的吸引力。它能吸收所有经过它附近的宇宙飞船、火箭,甚至光线。

尽管在科学上已经证明了黑洞的存在,但详细的信息还在研究之中。我对黑洞也很感兴趣,正在专心研究呢。

301

尤里·加加林（1934—1968）

俄罗斯宇航员。1961年4月12日，乘坐"东方一号"成功进行首次宇宙飞行。

瓦莲金娜·捷列什科娃（1937— ）

俄罗斯宇航员。1963年6月16日，乘坐"东方六号"绕地球飞行48圈，成为首位成功飞向太空的女性。

人们为了研究宇宙的秘密，制造了能飞向太空的宇宙飞船。

1961年，俄罗斯最早发射了载人宇宙飞船"东方一号"。这艘宇宙飞船在太空飞行了1小时29分钟，绕地球一周后平安返回地面。

乘坐这艘飞船完成首次宇宙旅行的宇航员是俄罗斯军人尤里·加加林。

东方一号
仅容纳一人乘坐的宇宙飞船，样子就像直径达两三米的圆形密封舱。

宇宙中也有垃圾呢

啊！垃圾的味道好难闻啊！要是我们生活中没有垃圾就好了！

垃圾厂

恐怕不会没有垃圾吧？

❶

我有个好主意！把我们家里的吸尘器送到太空去清理垃圾吧！

怎么不会呢？我们去宇宙里不就可以了吗？

虽然目前我们对遥远的宇宙深处了解得并不多，但我们知道地球周围有很多垃圾。废弃的人造卫星和火箭等都漂在空中呢。

1969年美国制造的"阿波罗11号"首次登陆月球。

"阿波罗11号"上搭载着尼尔·阿姆斯特朗和另外一位宇航员。尼尔·阿姆斯特朗幸运地成了首位在月球上留下脚印的人。

此后,许多人和动物、植物都到宇宙旅行过。

我们要搭载着火箭才能去宇宙旅行。火箭通过燃烧燃料,产生了巨大推力,从而帮助火箭脱离地球的引力,把宇宙飞船送上太空。

火箭的原理

我们都玩过吹气球吧!当我们将气球吹得鼓鼓的时候,如果松开口,会发现气球一边哧哧地放气,一边向前飞。

火箭就像气球一样,通过燃料燃烧放出气体,产生巨大的推力,从而升上太空。

知识加油站

火箭一般有三级

火箭燃烧可以产生巨大的推力，将宇宙飞船送入太空。为了增大推力、减少重量，火箭一般由三级构成。首先，一级火箭在燃料燃烧完后脱落，紧接着二级火箭的燃料开始燃烧。二级火箭的燃料耗尽后也会脱落。最后三级火箭启动，将宇宙飞船送入太空。

2型火箭
德国制造。在第二次世界大战时用于导弹发射。

土星五号火箭
美国发射阿波罗宇宙飞船时使用的火箭。

阿里安五号火箭
欧洲制造。能够发射重达6.8吨的人造卫星。

以前制造的火箭使用一次后就无法再使用了。现在的航天飞机是火箭的升级产品,可以多次使用。

它能将宇宙飞船或人造卫星送到宇宙再返回地球,还能将服役期满的人造卫星再带回到地球上。此外,它还能飞到宇宙中修理那些发生故障的人造卫星。

3.大气层中燃料槽分离脱落。

2.航天飞机出发以后不久,辅助推进器就会脱落。

1.航天飞机在出发的时候像火箭一样喷射着火焰升空。

4.到达太空以后，航天飞机就放出卫星开始执行任务。

5.航天飞机完成任务后，火箭的引擎就会向反方向启动，降低飞机速度。

6.航天飞机朝着地球的方向降落。等到达大气层以后，它和大气发生摩擦，我们用肉眼就可以看到一道道火花。

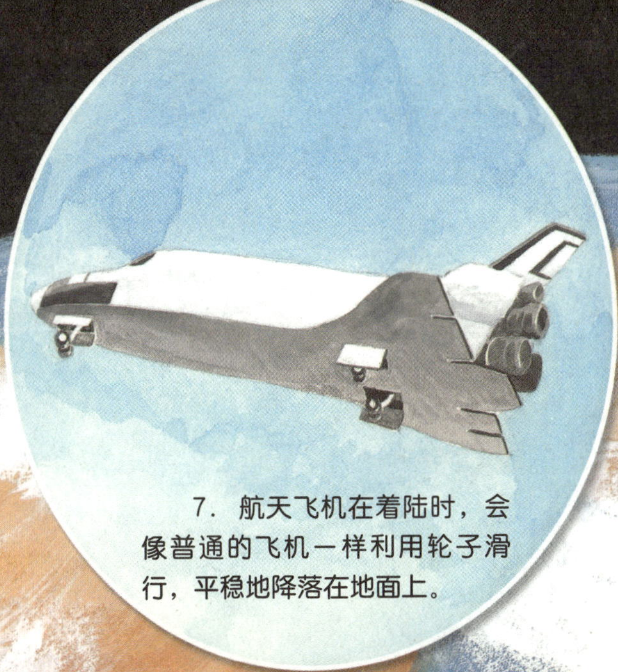

7.航天飞机在着陆时，会像普通的飞机一样利用轮子滑行，平稳地降落在地面上。

人们乘坐宇宙飞船到达月球，同时也会发射很多宇宙探测器。

这些探测器肩负着观察宇宙、拍摄照片的任务，比如说苏联的月球探测器"月球号"系列探测器。许多探测器被送入太空，收集了月球的许多重要信息。

此外，人类还向金星、火星等太阳系的行星发射了探测器。

索杰纳
装在美国"探路者号"火星探测器中发射升空的机器人。它拍摄了火星的照片并传回到地球。

麦哲伦号
美国制造的金星探测器。它透过云层观测金星,并绘制了金星地图。

航海家号
美国制造的宇宙探测飞船。在宇宙中拍摄了太阳系行星照片并传回地球。目前正穿越太阳系飞向更遥远的宇宙空间。

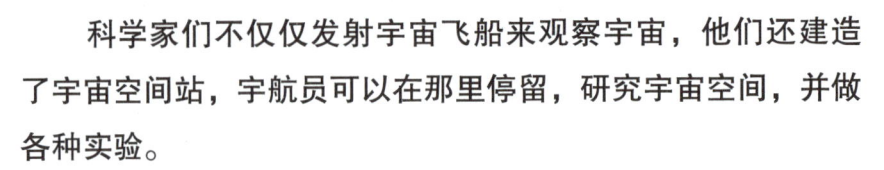

科学家们不仅仅发射宇宙飞船来观察宇宙，他们还建造了宇宙空间站，宇航员可以在那里停留，研究宇宙空间，并做各种实验。

　　俄罗斯建造的宇宙空间站已经在宇宙中工作了15年了。在这期间，一共有超过100名科学家在这里工作过，做了16000多次实验。

知识加油站

建造国际宇宙空间站

　　美国、俄罗斯、法国、日本等16个国家正在共同建造国际宇宙空间站。这项工程1993年就开始了，被称为"阿尔法计划"。

　　国际宇宙空间站建成后，宇航员们可以停留在那里，观察宇宙及其对地球的影响，并且研究长期生活在太空中会对人产生什么样的影响。

Stephen Hawking

313

X射线宇宙望远镜

红外线宇宙望远镜

科学家们为了更深入地观察宇宙，还向太空发射了望远镜。

1990年4月，"发现号"航天飞机将哈勃望远镜送入600公里高的太空。

哈勃望远镜每90分钟绕地球飞行一次，进行宇宙观察。这个望远镜不受地球大气层影响，比地球上的望远镜观察得更清晰、仔细。

现在世界上还有许多国家都在努力进行宇宙开发。中国先后发射过"东方红一号"、"神舟七号"等人造卫星。

宇宙空间中有许多国家的卫星在飞行。这其中，有观察天气的气象卫星，还有观察交通状况、发送电视节目的通讯卫星。

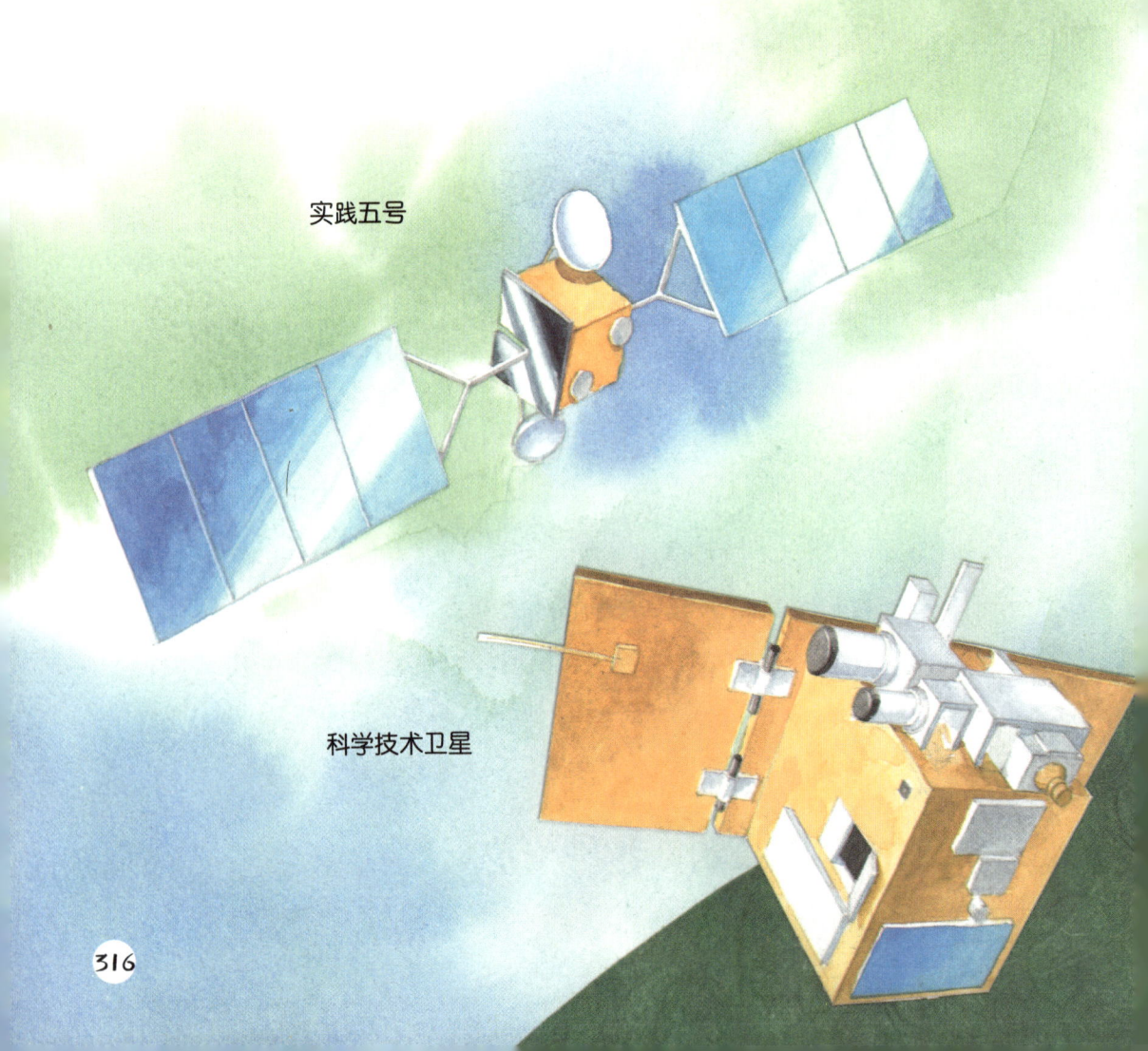

实践五号

科学技术卫星

海洋二号

海洋动力环境监测卫星

随着人类对宇宙的进一步探索,许多人都非常好奇,宇宙中是否还存在着像我们人类一样的生命体,也就是我们常说的外星人呢?

从目前的研究来看,太阳系中没有外星人的存在。因为在太阳系中除了地球,没有哪颗星球具备适宜生命存在的条件。

一些科学家认为,尽管目前我们还没有发现,但在宇宙中的其他星球上或许会有生命存在哦。

地球的声音

考虑到也许会遇到外星人，"航海家号"宇宙探测船上录制了地球上的各种声音，包括世界上100多个国家的问候语以及歌曲、孩子们的笑声等。

就像人们现在可以环球旅行一样，在不久的将来，人们也可以自由地在宇宙旅行。

那时会出现比现在更大、更复杂的宇宙空间站，甚至是宇宙基地、宇宙城市。

特别是在解决目前我们面临的粮食危机、人口问题方面，宇宙开发显得尤为重要。

今后，我会更加努力，去解开更多宇宙的秘密。

大家和我一起来努力吧！

宇宙旅行

宇宙飞船里的宇航员们感受不到地球的重力，所以他们每天飘浮在空中。食物也都飘着，所以他们吃饭和在地球上吃饭不一样，要吃包装好的食物。

阅读课

想象外星人的样子

如果外星人真的存在,他们会长成什么样子呢?

外星人是不是像科幻片中演的那样,长得像章鱼一样,有一个脑袋、好多条腿?还是像怪兽一样特别可怕?

在电影世界里,我们想象的外星人长得千奇百怪。

《黑衣人》中有各种各样的外星人出现

在电影《黑衣人》中,身穿黑色西服的主人公监视、管理着外星人。

这些外星人外表看起来和正常人一样,但实际有着完全不同的面孔,有的长得像蟑螂,有的鸟头人身,还有的外星人长了两个脑袋。

《异形》中有昆虫样子的外星人

《异形》指的就是外星人。宇宙飞船"诺史莫"号收到了另一艘宇宙飞船的求救信号,赶去救援,异形人在那里等候,想利用人类来延续后代。

这些异形人有着昆虫的外貌,性格残忍。他们生活在人类身体里,吸食人类身体的养分,繁衍后代。主人公为了消除这些异形人,与他们进行了激烈的战斗。

《黑衣人》中的外星人为了掩饰自己,经常戴着人皮面具。

宇宙飞行

宇宙飞行已经不是遥不可及的梦想了。在不久的将来，普通人也能在宇宙中飞行了。

宇宙的环境和地球不一样，所以宇宙中的生活也是不一样的。让我们一起看看宇宙中的生活是什么样的吧！

宇宙空间站

电影《2001年太空漫游》讲述了"发现号"宇宙飞船上发生的故事。"发现号"是飞向木星的一架宇宙飞船。

这部影片为我们展现了宇航员们在宇宙空间站以及宇宙飞船中行动的场景，我们还能看到在广袤的宇宙空间中把飞船卷进去的漩涡。

后来，美国航空航天局制造的一架飞船就使用了这部影片中飞船的名字——"发现号"。

阿波罗13号发射升空

宇宙飞行的过程

《阿波罗13号》是根据真实故事改编的电影。

这部影片中，宇航员们的氧气罐在飞行过程中意外发生了爆炸。影片描述了三名宇航员的状态以及美国航空航天局的营救过程，展现了宇宙飞船的构造以及发射过程，帮助我们了解宇宙飞行是怎样进行的。

宇航员在太空中怎样生活？

太空中没有重力，所以宇航员的生活和我们在地球上的生活有很大不同，我们来看看宇航员在宇宙飞船里的有趣生活吧。

在宇宙飞船里，宇航员必须把自己绑在睡袋里，才能睡上一个安稳觉，要不然稍微一动，就会飘走了。

宇航员喝水的时候也不能用普通杯子，因为没有重力，即使把杯子倒过来，水也不会往下流，宇航员根本喝不到水，所以在飞船里喝水用的杯子是一种带吸管的塑料杯。

在太空中吃饭和我们平时也不一样。没有重力，菜也不会老老实实待在盘子里，也会飘起来。所以专家们把太空食物设计成了牙膏式的，吃的时候像挤牙膏一样往嘴巴里挤。有的食物会压缩成砖的样子，兑上一定比例的水后，能够恢复原形，味道也不错，里面有人体需要的所有营养成分。

在太空中洗漱更是有趣，不像我们平常那样用牙刷和牙膏，只用嚼"口香糖"就行啦！这是一种胶质物，可以粘住牙齿上的污垢，这样牙齿就清洗干净啦。洗脸也不用清水和毛巾，把手纸浸湿了然后擦脸，把这种湿纸贴在梳子上梳头，就算洗头了。

上厕所那可就更特别啦！他们用的马桶也是精心设计的。人浮在半空中，怎么坐上去呢？先把两只脚放进固定的脚套里，把座带绑在腰上，用手扶着手柄。马桶都不是用水冲，而是一个特别的抽气机，将大便或者小便吸进塑料盒或者特别形状的杯子里。

有了这些特殊的装置，宇航员们就可以在太空中享受便利的生活啦。

小书桌

宇宙是没有尽头的

宇宙大得超出我们的想象，而我们目前对宇宙的了解却十分有限。让我们一起来看看宇宙探索的过程以及宇宙的全貌吧！

螺旋星系　　　　　　　　　　　杆状螺旋星系

为探索宇宙而努力

人们从很久之前就开始了探索宇宙的旅程,到现在为止,人类了解了很多有关宇宙的奥秘。

为了今后有更多突破性的收获,人们在继续努力。

哈勃望远镜以及电波望远镜等高性能望远镜的使用,让人们不用去很远的地方就可以观察宇宙的情况。人造卫星的发射和宇宙飞船的上天可以让人们直接到太空去进行观测。

通过这些努力,人们开始不断认识太阳系、银河系以及整个宇宙。

椭圆星系　　　　　　　　　　不规则星系

星系有很多形态

星系有很多形态，大小也不一样。宇宙中还有很多和我们所在的银河系相同的星系，每个星系中都有数不清的星星聚集在一起。根据星系的形状，我们可以把它们分为螺旋星系、杆状螺旋星系、椭圆星系以及不规则星系等。

地球处在银河系中，我们所在的银河之外的星系都叫做河外星系。河外星系在非常非常遥远的地方，远到超乎我们的想象。

宇宙在不断扩大

宇宙到底有多大呢？没有人知道。它大得难以想象。

宇宙的形状到底是像足球还是像喇叭呢？我们也不知道。

宇宙中星系和星系之间的距离仍在不断增大。虽然我们不知道宇宙的样子，但我们知道宇宙似乎在不断变大。随着宇宙的不断增大，宇宙中星星之间的距离也不断变大，宇宙就会变得更加黑暗了。

名人故事

感恩的心

在一次学术报告后,一名记者问霍金先生:"霍金先生,您因为疾病,一辈子都要坐在轮椅上生活,您有没有觉得命运对您非常不公平?"霍金的脸上充满微笑,用他还能活动的三根手指艰难地叩击键盘,显示屏上出现了四句话:

"我的手指还能活动。

我的大脑还能思维。

我有终生追求的理想。

我有爱我和我爱着的亲人与朋友。"

虽然霍金不能移动他的身体，但是他从来没有停止过用大脑思考。他依靠着常人难以想象的意志力和亲人、爱人、朋友的爱，一直顽强地生活着，一直进行着自己的研究。

回答完记者的提问后，霍金又艰难地打出了第五句话："对了，我还有一颗感恩的心！"

实验室

在宇宙中，重量会发生什么变化？

宇航员们在宇宙飞船里飘来飘去。这是因为宇宙中的重力几乎为零，大家感受不到重量。不光是在宇宙中，降落的物体也感受不到重力。

让我们通过实验，来看看在宇宙中物体的重量是怎么发生变化的吧！

请准备下列物品：

塑料瓶　　2根橡皮筋　　橡皮泥　　剪刀

一起来动手：

1. 用剪刀把两根橡皮筋剪断。把橡皮泥团成团儿，粘在其中一根橡皮筋的一端。
2. 分别抓住两根橡皮筋的一端，自然下垂，比较一下两根橡皮筋伸长的长度。
3. 将两条橡皮筋都放在塑料瓶里，把一端用瓶盖固定住。
4. 站起来把塑料瓶举高，然后让塑料瓶竖直落到地上。

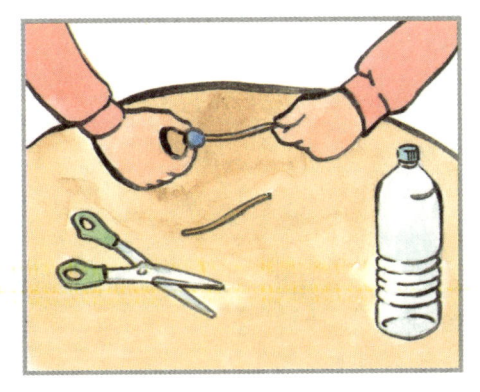

① 用剪刀把两根橡皮筋剪断。把橡皮泥团成团儿，粘在其中一根橡皮筋的一端。

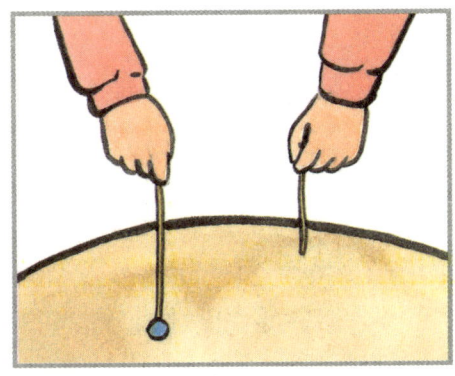

② 分别抓住两根橡皮筋的一端，自然下垂，比较一下两根橡皮筋伸长的长度。

③ 将两条橡皮筋都放在塑料瓶里，把一端用瓶盖固定住。

④ 站起来把塑料瓶举高，然后让塑料瓶竖直落到地上。

实验结果：

平稳放置的时候，塑料瓶里的橡皮筋长度不同，粘有橡皮泥的那条会稍微长一些。但是塑料瓶从高处下落的时候，伸长的橡皮筋又会回到原来的长度，和没有粘橡皮泥的橡皮筋一样长。

为什么会这样？

粘有橡皮泥的橡皮筋由于橡皮泥的重量会伸长。

但是在下落的时候，橡皮筋和橡皮泥之间没有了相互拉伸的作用，所以橡皮筋不会伸长。

图画科学馆

物理

01 爱因斯坦讲速度
02 莱特兄弟讲升力
03 阿基米德讲浮力
04 牛顿讲万有引力
05 法拉第讲摩擦力
06 伏特讲电灯
07 瓦特讲能量

化学

08 居里夫人讲物质
09 拉瓦锡讲火
10 卡文迪什讲水
11 路易斯讲酸碱
12 道尔顿讲原子
13 托里拆利讲空气
14 摄尔修斯讲温度

生物

15 霍普金斯讲维生素
16 胡克讲细胞
17 卡尔文讲光合作用
18 巴甫洛夫讲感觉
19 巴斯德讲微生物
20 孟德尔讲遗传
21 达尔文讲进化论

地理

22 哥白尼讲地球
23 库克讲大海
24 伽利略讲月球
25 蒲福讲自然灾害
26 魏格纳讲火山
27 开普勒讲太阳系
28 霍金讲宇宙

今天我读了……

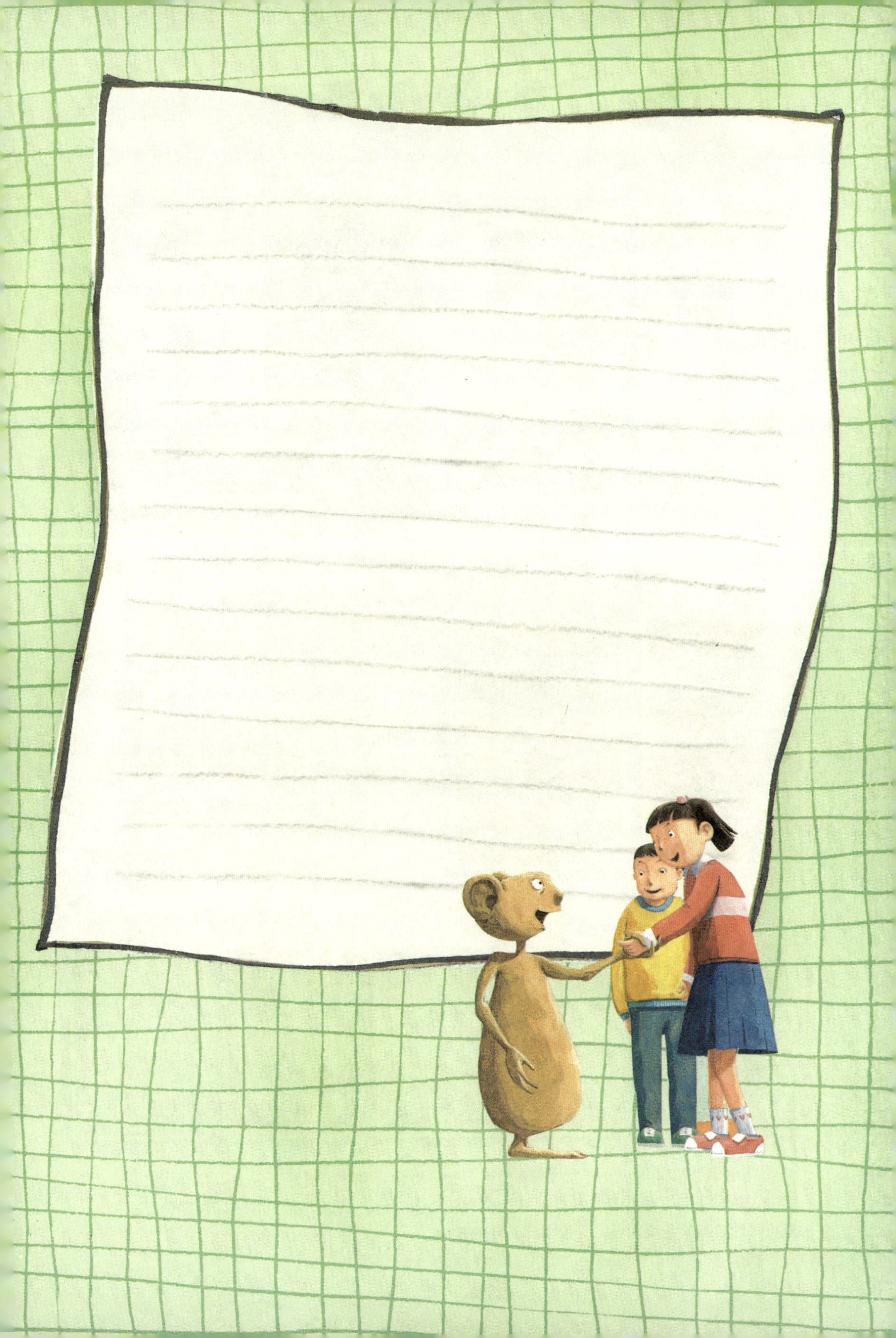

·推·荐·阅·读·

小学生实用成长小说系列

《小学生实用成长小说》系列旨在让小朋友养成爱学习、爱读书、善计划、懂节约的好习惯。每个孩子都具有自我成长的潜能，爱孩子就给他们自我成长的机会吧！让有趣的故事陪伴孩子一路思考，在欢笑中成长！

长大不容易——小鬼历险记系列

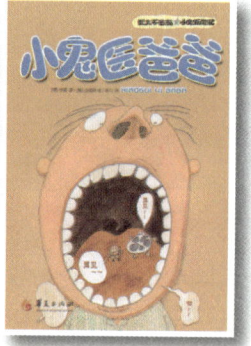

《长大不容易——小鬼历险记》系列讲述了淘气鬼闹闹从猫头鹰王国得到魔法斗篷，历尽千难万险，医治爸爸和拯救妈妈的故事。故事情节惊险刺激、引人入胜，能让小朋友充分拓展想象力，同时学到很多关于人体的知识。

小学生百科全书系列

《小学生百科全书》一套共有五册，分别为数学，美术、音乐、体育，科学，文化，世界史。内容生动活泼、丰富多样，并配有彩色插图，通俗易通，让小学生在阅读的过程中，既能吸收丰富的各类知识，又能得到无限的乐趣。

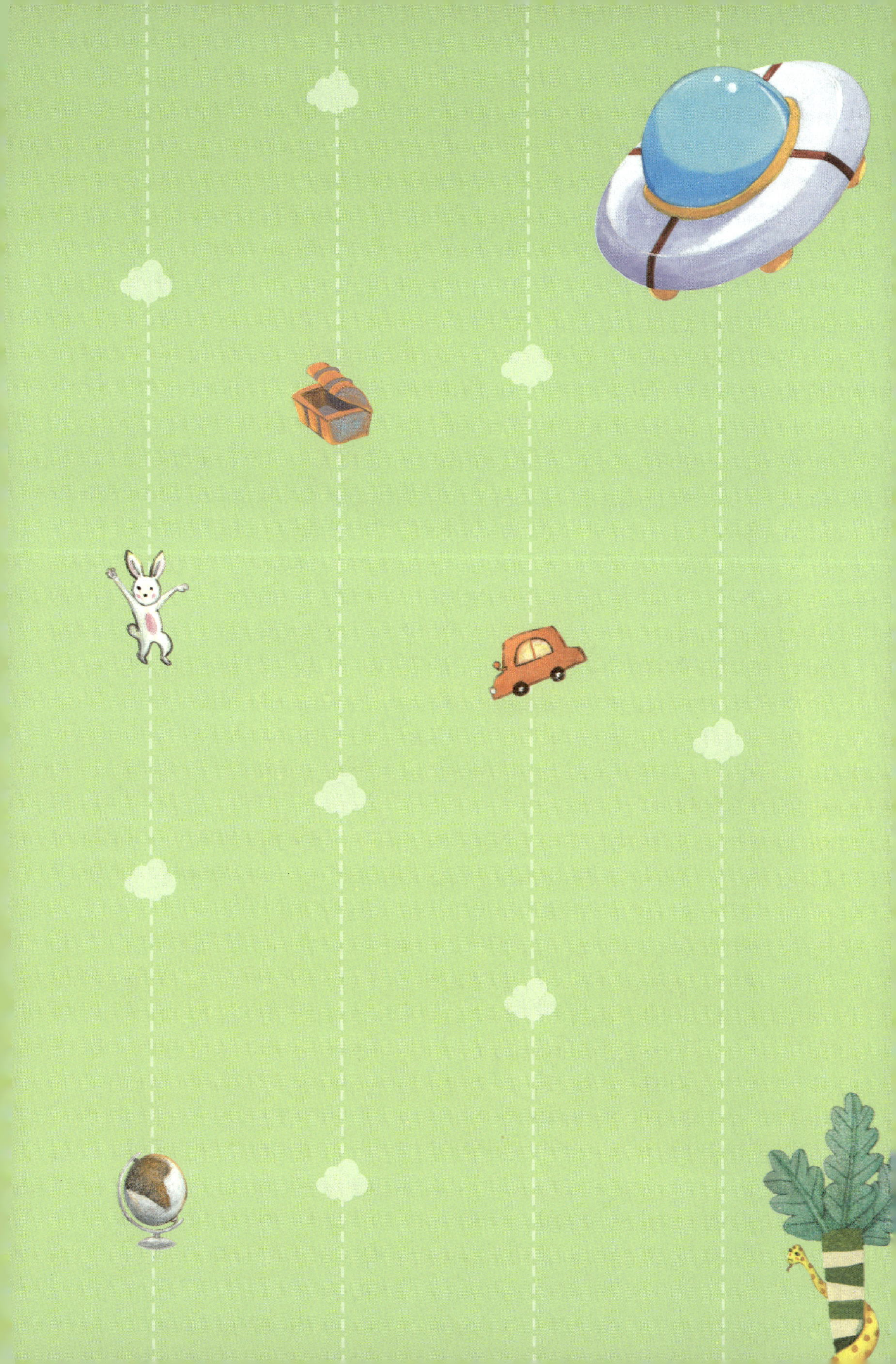

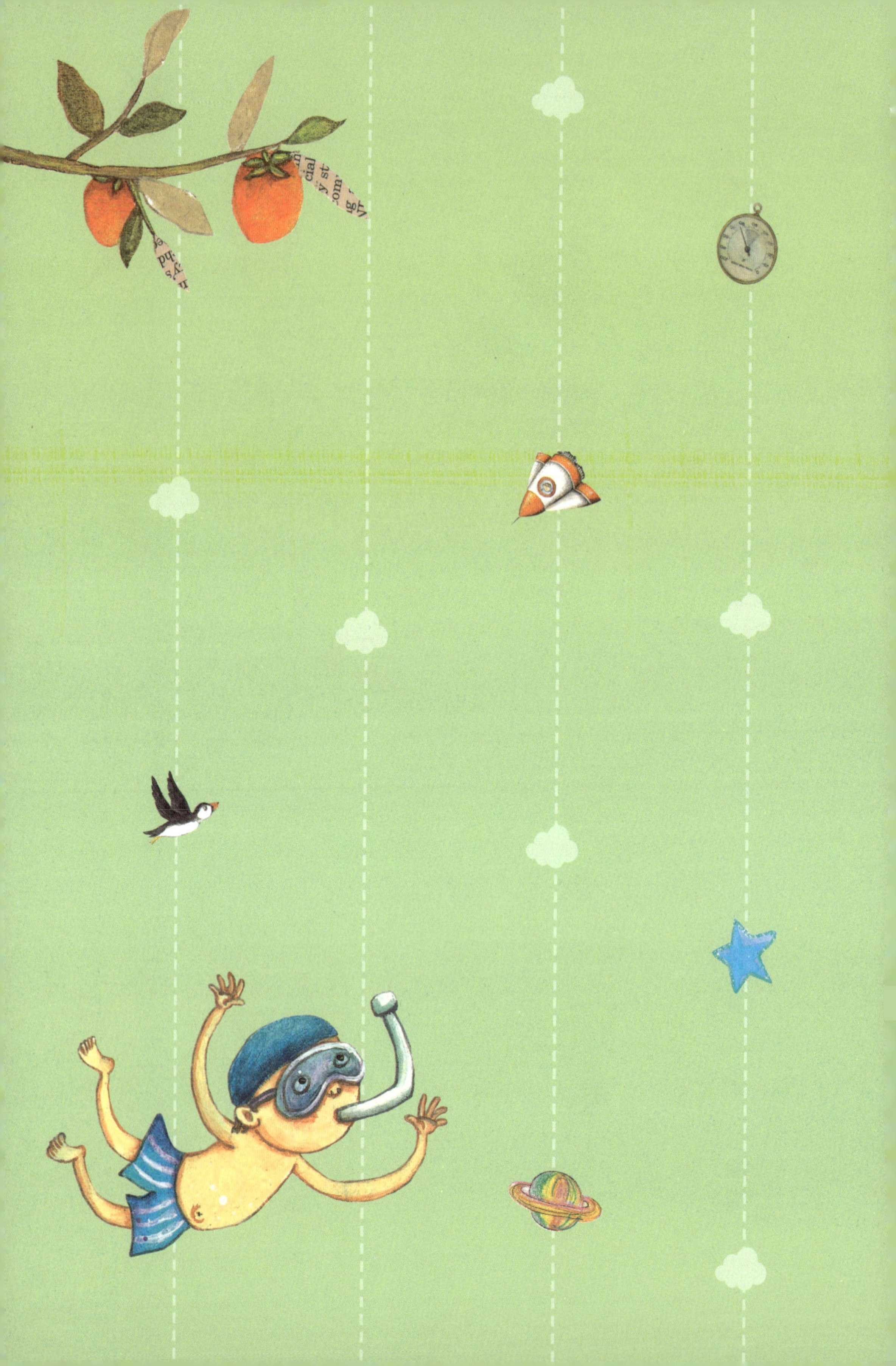